LA DESCENDANCE

DU

PAGE DE JEANNE D'ARC

DANS L'ARCHIDIOCÈSE DE REIMS

NOTICE

publiée à l'occasion de la Fête célébrée à la Cathédrale de Reims le 17 Juillet 1909

EN L'HONNEUR

DE LA BIENHEUREUSE JEANNE D'ARC

REIMS

IMPRIMERIE COOPÉRATIVE, 24, RUE PLUCHE

1909

Paul PELLOT

LA DESCENDANCE

DU

PAGE DE JEANNE D'ARC

DANS L'ARCHIDIOCÈSE DE REIMS

NOTICE

*publiée à l'occasion de la Fête célébrée à la Cathédrale de Reims
le 17 Juillet 1909*

EN L'HONNEUR

DE LA BIENHEUREUSE JEANNE D'ARC

REIMS

IMPRIMERIE COOPÉRATIVE, 24, RUE PLUCHE

1909

A Madame Louis POMMERY

En mémoire de l'admiration de Monsieur Louis POMMERY, *pour* JEANNE *l'Héroïne Champenoise.*

AVANT-PROPOS

La Ville de Reims se prépare à commémorer par de brillantes fêtes le quatre-cent-quatre-vingtième anniversaire du sacre du « gentil Dauphin ». Ce tribut d'allégresse n'est que l'écho des joyeuses manifestations qui se sont naguère succédées à Rome pour la béatification de la Vierge champenoise. Il était, en effet, réservé à Reims d'admirer la scène la plus grandiose de son épopée qui, après cent ans de lutte, délivrait le territoire national du joug de l'Anglais envahisseur.

Bien que le prestige de l'héroïne française par excellence suffise à lui seul, pour justifier notre enthousiasme, pourrions-nous, en ce jour de patriotique exhaltation, refuser un souvenir ému aux vaillants hommes d'armes, compagnons de ses exploits ? Ne convient-il pas surtout de réserver un hommage spécial, aux preux serviteurs qui eurent l'insigne privilège d'être attachés à son service, et par cela même, d'apprécier mieux que personne, le parfum de ses vertus.

Pour accomplir ce devoir, il nous plaît donc de célébrer dans cet opuscule le « gracieux paige », témoin principal de la piété et des prouesses de la sainte jouvencelle. Le comte Oscar de Poli, dont l'existence fut un culte perpétuel de l'impavide Rédemptrice, s'était spécialement attaché à tirer de l'oubli les noms des adolescents qui coulèrent leurs plus belles années à l'ombre du génie inspiré de la nouvelle Judith. Aussi sommes-nous redevables à sa profonde érudition d'une étude des plus intéressantes sur les Pages de Jeanne d'Arc, Raymond et Louis (1).

C'est ce dernier que notre simple esquisse a pour but de mettre en relief, à l'heure même où toutes les pensées se reportent instinctivement vers l'étendard immaculé que ses jeunes mains promenèrent sur le chemin de la victoire. Guidé par les patientes recherches du regretté comte de Poli, nous compléterons ou rectifierons, d'après nos documents personnels, la postérité du fidèle damoiseau Louis de Coutes.

En écrivant cette Notice, nous aurons acquitté une dette de reconnaissance envers la parfaite amitié que le panégyriste de l'Ange de Domremy n'a cessé de nous prodiguer au cours de sa noble carrière.

Heureux également, serons-nous d'établir que la descendance du Page de Jeanne d'Arc appartient, pour la plus grande partie, à l'Archidiocèse de Reims, et que par conséquent, l'antique Ville du Sacre, en mémoire de ses gestes, ne saurait réprouver le sentiment de sympathie que nous adressons à la généreuse lignée, héritière de son loyalisme et de sa bravoure.

(1) *Les Pages de Jeanne d'Arc*, par le vicomte Oscar DE POLI, dans l'*Annuaire du Conseil Héraldique de France*. Paris, 1902, pages 73 et suivantes.

LA DESCENDANCE

DU

PAGE DE JEANNE D'ARC

dans l'Archidiocèse de Reims (1)

CHAPITRE PREMIER

LOUIS DE COUTES, PAGE DE JEANNE D'ARC ET SA POSTÉRITÉ

La famille de Coutes blasonne : *d'or, au lion de sable, armé et lampassé de gueules, la queue fourchée* (2).

Elle tire son nom du fief de Coutes, situé en la paroisse de Gasville, au diocèse de Chartres. Sa respectable antiquité lui permet de revendiquer

(1) Nous mentionnons ici, pour les remercier de leur bienveillant concours, les personnes suivantes qui se sont intéressées à nos recherches : MM. l'abbé Henri Duchénoy, le général de Chauvenet, Lou s Demaison, André Mandron, le baron Max de Finfe de Saint-Pierremont, Henri Bourin et Albert Baudon.

(2) Les clichés des armoiries reproduites dans ce travail ont été exécutés par les soins de l'Administration du *Collegio Araldico* de Rome, d'après les dessins de M. Edmond des Robert, membre de la Société d'Archéologie Lorraine.

comme premier auteur **Guillaume de Coutes,** croisé en 1190 et en 1202.

Nous allons reconstituer sa généalogie, à partir du page de la Bienheureuse Jeanne d'Arc. Cela est possible, en joignant, ainsi qu'il est dit ci-dessus, aux travaux antérieurs, le résultat de nos découvertes, dont les preuves originales figurent en appendice.

I

Louis de Coutes, page de la sublime Pucelle, naquit en 1414, probablement au château ancestral de Fresnay-le-Gilmert, aujourd'hui commune du canton de Chartres. Il était fils de **Jean de Coutes,** chambellan du duc d'Orléans et capitaine de Châteaudun, et de **Catherine Le Mercier.**

Par sa mère, Louis de Coutes possédait les seigneuries de Noviant (1), Rugles (2), Viry (3), Béhéricourt (4), Fontenay-en-Brie (5), Craisnes (6), Pimprez (7), Écoublay (8) et Bailly (9).

(1) Noviant, aujourd'hui Nouvion-le-Comte, canton de Crécy-sur-Serre (Aisne).

(2) Rugles, chef-lieu de canton de l'arrondissement d'Evreux.

(3) Viry, section de la commune de Viry-Noureuil, canton de Chauny (Aisne).

(4) Béhéricourt, commune de l'arrondissement de Compiègne, Cette terre faisait partie des biens donnés par Charles-le-Chauve à l'évêché de Noyon.

(5) Fontenay-en-Brie, aujourd'hui Fontenay-Trésigny, arrondissement de Coulommiers.

(6) Craisnes, fief de la seigneurie de Béhéricourt.

(7) Pimprez, commune du canton de Ribécourt, sur la rive gauche de l'Oise.

(8) Ecoublay, dépendance de Fontenay-Trésigny.

(9) Bailly, aujourd'hui partie de la commune d'Ambenay, canton de Rugles.

Il importe d'expliquer ici que, modifiant le blason de famille, il adopta comme brisure les armes suivantes : *d'argent, au lion de sable, accompagné de trois molettes de même.*

Étant âgé de onze ans, il débuta dans la pagerie au service d'un valeureux capitaine, Raoul de Gaucourt, qui, après avoir payé de dix ans de captivité sa belle conduite à Honfleur, était devenu gouverneur de Chinon. Louis de Coutes se trouvait en cette ville quand Jeanne y arriva et où il la voyait souvent (1). Mais ce n'est qu'après l'épreuve de Poitiers que Charles VII bailla à la Vierge incomparable « pour la conduire et estre avec elle, un bien vaillant et notable escuyer nommé Jehan d'Olon (2), prudent et saige, et pour paige un bien gentil homme nommé Louys de Comtes *(sic)*, dict *Imerguet* » (3).

(1) Oscar de Poli, *op. cit.*, p. 132.

(2) Sur ce personnage, voir : *Jean d'Aulon, écuyer et maître d'hôtel de Jeanne d'Arc*, par O. de Poli, dans l'*Annuaire du Conseil héraldique de France*, Paris, 1901, p. 1 et suiv.

(3) *Procès de condamnation et de réhabilitation de Jeanne d'Arc, dite la Pucelle*, publiés par Jules Quicherat. Paris, Jules Renouard et Cie, librairie de la Société de l'Histoire de France : t. IV, p. 211. Louis de Coutes portait, comme son père et son aïeul, le surnom de *Minguet*, dont une fausse lecture a fait celui d'Imerguet.

L'existence de celui-ci va dorénavant s'écouler en compagnie de la divine Messagère dont il admire le génie et l'ardente piété. « L'enfant d'honneur » sera désormais le constant témoin de sa vie impeccable et de ses prodigieux faits d'armes.

Une tapisserie du xve siècle, se trouvant au Musée Jeanne d'Arc, à Orléans, le représente la lance de celle-ci à la main, près de la candide Libératrice. Cette œuvre paraît glorifier un des triomphes de la Pucelle, auquel il ne serait pas facile d'assigner une date certaine.

Louis de Coutes, l'accompagne dans toutes les phases de sa brillante marche militaire, à la miraculeuse entrée dans Orléans ; à la Bastille Saint-Loup, dont ses *voix* lui révèlent le danger pendant son sommeil ; aux Tourelles, où le sang échappé de sa blessure, illustre à jamais cette victoire ; à Loches, où le Roi félicite l'éminente stratégiste ; à Selles, où « armée tout en blanc, sauf la teste », elle vole sur un grand coursier noir, « son estendart ployé que portoit un gracieux paige » (1) ; à Jargeau, où le choc d'une grosse pierre vient s'amortir sur son casque ; à Patay, où, quatre siècles plus tard, les zouaves pontificaux devaient teindre le drapeau du Sacré-Cœur de leur sang.

Le 16 juillet, l'Épée invincible, devant laquelle ont capitulé les villes de Troyes et Châlons, ouvre, comme par enchantement, les portes de la cité de Reims. Le lendemain, le Dauphin, courbé sous l'onction du successeur de saint Remi, se relève investi « de la Lieutenance du Royaume du Ciel ». Pendant

(1) Quicherat, *op. cit.*, t. V, pp. 107 et 108.

ce temps, Jeanne, pleurant de joie, tenait près de l'autel, du côté de l'Évangile, le glorieux étendard qui, après avoir été à la peine, avait bien mérité d'être à l'honneur (1). Nul doute qu'en cette heure bénie, le joli Page n'ait partagé ses tendres émotions ! Avec quels indicibles transports n'a-t-il pas dû presser sur son cœur en liesse la bannière fleurdelisée « dont les plis renfermaient le salut de la Patrie » ! (2).

Louis de Coutes quitte le service de Jeanne, pour ne plus la revoir, au moment (23 août) où la gravité des événements entraîne la noble Martyre sous les murs de Paris. Le fidèle compagnon, devenu homme,

(1) *Panégyrique de la Bienheureuse Jeanne d'Arc, prononcé par Son Éminence le Cardinal* Luçon, *archevêque de Reims, dans l'église de Saint-Louis des Français, à Rome, le mercredi 21 avril 1909.* Reims, imprimerie Jeanne d'Arc, br. in-8, p. 9.

Le souvenir de ce touchant épisode, poétisé par le sentiment populaire, s'est conservé avec délicatesse à travers les siècles. Aussi lors de la visite qu'il fit naguère à la cathédrale de Reims, en mémoire du sacre du roi Charles X, son grand oncle, Sa Majesté le roi Ferdinand de Bulgarie ne manqua pas de se faire indiquer la place exacte où se trouvait Jeanne d'Arc, lors du couronnement de Charles VII. (Sur le séjour à Reims, en 1902, du Roi de Bulgarie, voir notre notice intitulée : *Louis Pommery, membre de l'Académie de Reims, 1841-1907.)*

C'est à la suite d'une souscription, à laquelle la Maison Pommery a participé avec la plus grande largesse, qu'a été élevée la statue équestre de la Pucelle, au seuil de la merveilleuse basilique. Le célèbre statuaire Paul-Dubois, membre de l'Institut, s'inspirant du souvenir précité, l'a représentée à l'instant où, sortant radieuse de la cérémonie du sacre, elle vient de se remettre en selle sur son fier destrier, pour courir à de nouveaux combats. De plus, le grand artiste a su faire ressortir sur l'auguste visage de l'héroïne, en même temps que l'éblouissante extase du jour, les sombres pressentiments de la trahison du lendemain qui chercherait désormais à paralyser l'action de son dévouement.

(2) Cf. article du chevalier Joseph Joubert, dans l'*Espérance du Peuple de Nantes,* numéro du 20 novembre 1902.

venait d'être « mis hors de page » c'est-à-dire appelé à de nouvelles obligations préalables à l'investiture chevaleresque.

Créé panetier du Roi avant 1436, Louis de Coutes continue à se battre avec les Anglais, dont les partisans l'avaient dépouillé d'une partie de ses domaines. L'itinéraire précis de ses campagnes nous échappe désormais, par suite de la pénurie de documents. On ne peut que faire des suppositions, très raisonnables d'ailleurs, sur les états de services de ce fils de bonne race, issu d'une pépinière de braves.

A-t-il suivi son ancien maître, le sire de Gaucourt, promu gouverneur du Dauphiné ? Tenait-il tête avec lui aux Bourguignons en 1433, à l'affaire du Dorat ? Autant de questions qu'il ne semble pas risqué de résoudre affirmativement.

Pour attester les charitables sentiments de l'ancien page, notons ici que par acte, en date du 22 mars 1442, il légua aux chartreux du Mont-Renaud (1) une propriété sise à Passel, à charge de plusieurs fondations. En 1448, il ajoutait à la précédente libéralité, un fief situé à Craisnes, auquel vint s'adjoindre plus tard l'abandon d'autres héritages d'une certaine valeur.

Par Jeanne de Vendôme, son aïeule maternelle, Louis de Coutes était apparenté à Jean Juvénal des Ursins, archevêque de Reims (2). Ceci nous fait

(1) Mont-Renaud, aujourd'hui château sur le territoire de Passel, commune du canton de Noyon. La chartreuse de Mont-Renaud tire son nom de Renaud de Rouy, chevalier, qui l'établit sur le Mont Hérimont, au pied duquel le village de Passel est bâti, et dont il avait, vers 1300, fait l'acquisition de Gérard de Villars, commandeur d'Eterpigny.

(2) Catherine Le Mercier, mère de Louis de Coutes, était issue

incliner à croire qu'avec le beau-frère de ce prélat, Jean d'Aulon, maître d'hôtel de Jeanne d'Arc, il fut l'un des promoteurs de la réhabilitation du 7 juillet 1456. Le témoignage du page de Jeanne d'Arc constitue la plus belle action de sa vie sans reproche.

Cet élan spontané du cœur suffirait à lui seul pour motiver la paternelle marque de bienveillance dont S. S. le Pape Pie X a comblé l'Église en élevant la Vierge Française au rang de Bienheureuse.

La déposition de Louis de Coutes forme une des preuves les plus précieuses de l'enquête. C'est pour ce motif, que, malgré sa longueur, nous nous sommes fait un devoir d'en donner ici la traduction complète (1). D'autre part, afin de ne pas enlever au récit sa véritable caractéristique, nous le rapportons, sans apparat, dans sa fidèle simplicité.

« Noble homme et prudent Louis de Coutes,
« écuyer, seigneur de Novyon et de Reugles, âgé
« de 42 ans ou environ, témoin admis, le 3e jour du
« mois d'avril, après Pâques (1456), à déposer, à

du mariage d'entre Jean le Mercier, décédé vers 1393, gouverneur de Creil, Grand-Maître de France, et Jeanne de Vendôme, sa seconde femme.

(1) Jules QUICHERAT. *Op. cit.*, tome III, p. 65-72.

« l'appui de la demande en nullité de jugement, « déclare :

« L'année que Jeanne, accompagnée de deux « hommes, vint trouver le Roi à Chinon, j'avais « quatorze à quinze ans, et j'étais au service du « sire de Gaucourt, capitaine de la même ville avec « qui je demeurais.

« Je l'ai vue plusieurs fois aller et venir chez le « Roi, et on lui assigna comme logis une tour du « château du Couldray (1). Je suis resté avec elle « tout le temps qu'elle y a séjourné, conversant « ensemble tout le jour, mais elle passait la nuit « en société des femmes.

« Je me souviens qu'au temps où elle restait à « la tour du Couldray, plusieurs personnages de « haute qualité vinrent s'entretenir avec elle. J'ignore « toutefois ce qu'ils faisaient ou disaient, parce que « je m'éloignais, quand je les voyais arriver. Je ne « sais non plus quels étaient ces hommes.

« Lorsque nous étions à cette tour, j'ai souvent « vu Jeanne à genoux, paraissant prier, mais je « n'entendais pas ce qu'elle disait. Quelquefois « même elle pleurait.

« On la conduisit ensuite à Poitiers, puis elle « revint à Tours, en la demeure d'une nommée « **Lapau.** C'est en cette ville que le duc d'Alençon (2) « lui donna un cheval que j'ai vu chez ladite Lapau.

« A Tours, je reçus l'ordre d'être son page,

(1) Plusieurs localités portent le nom de Coudray, dans le département de l'Indre-et-Loire. Il s'agit ici de celle qui se trouve à une lieue de Chinon.

(2) Jean II du nom, dit *le Beau*, duc d'Alencon, pair de France, chevalier de la Toison d'Or, né le 2 mars 1409, mort en 1476.

« avec un nommé Raymond. Depuis ce moment, je « suis toujours resté avec elle, la servant dans mon « office de page, à Blois, à Orléans, jusque devant « Paris.

« Lors du séjour de Jeanne à Tours, on lui « donna des armes et le Roi lui constitua une « Maison militaire.

« De Tours, elle partit pour Blois, en compagnie « des hommes d'armes du Roi qui avaient une « grande confiance en elle. Elle y resta un certain « temps que je ne saurais préciser. Il fut alors « convenu de se diriger sur Orléans, en passant « par la Sologne.

« Jeanne s'en alla, revêtue de son armure, suivie « de ses hommes d'armes, à qui elle recommandait « toujours d'avoir une grande confiance en Dieu et « de confesser leurs péchés. Je l'ai même vue « recevoir le sacrement de l'Eucharistie en leur « présence.

« Étant arrivés, par la Sologne, près d'Orléans, « Jeanne, plusieurs autres et moi, nous traversâmes « le fleuve pour entrer en ville.

« Jeanne se trouvait cruellement meurtrie durant « ce trajet, attendu qu'elle avait couché avec son « armure, la veille du départ de Blois.

« On lui fixa pour logement la maison du Tré- « sorier d'Orléans (1), près de la porte Bannier (2). « Là aussi, je l'ai vue recevoir le sacrement de « l'Eucharistie.

(1) Jacques Boucher, argentier du duc d'Orléans et trésorier de la ville.

(2) C'est encore le nom du faubourg situé dans la direction de Paris.

« Le lendemain Jeanne alla trouver le **Bâtard**
« **d'Orléans** (1) pour lui parler. En revenant, elle
« était très irritée de ce que, disait-elle, il avait
« été décidé qu'on n'attaquerait pas ce jour-là.

« Néanmoins elle se rendit à un boulevard que
« possédaient les gens du Roi, en face celui des
« Anglais, et de là, s'adressant à ces derniers, leur
« dit : « En nom Dieu, partez, sinon je vous
« chasserai ». Aussitôt le **Bâtard de Granville**
« l'accabla d'injures, en lui répondant : « Crois-tu
« que nous allons nous rendre à une femme ? » et
« en appelant ses compagnons : « **Maquereaulx**
« **mescréans** ».

« Jeanne retourna ensuite à son logis et monta
« dans sa chambre, où je croyais qu'elle allait
« dormir. Peu après, elle descendit en s'écriant :
« **Ha, sanglant garson, vous ne me diriez pas**
« **que le sanc de France feust répandu !** » et en
« m'ordonnant d'aller chercher son cheval. Pendant
« ce temps, elle se faisait ajuster son armure par
« la maîtresse de la maison et sa fille, de sorte que
« quand je revins avec le cheval, je la trouvai déjà
« prête.

« Elle me dit d'aller chercher son étendard qui
« était en haut ; je le lui passai par la fenêtre. Après
« l'avoir pris, Jeanne se dirigea à la hâte vers la
« porte de Bourgogne. L'hôtesse me dit alors que
« je m'en irais après elle. C'est ce que j'ai fait.

« Il y avait du côté de Saint-Loup, une escar-

(1) Jean d'Orléans (1403-1468), comte de Dunois et de Longueville, grand chambellan de France, surnommé *le Victorieux*, fils naturel de Louis de France, duc d'Orléans, et de Mariette d'Enghien.

« mouche, au cours de laquelle on s'empara du « boulevard. Jeanne rencontra ensuite quelques « Français blessés, ce qui lui causait une certaine « émotion. Les Anglais se préparant à la défense, « elle s'en approcha à la hâte. Aussitôt que les « Français la virent, ils commencèrent à crier et « s'emparèrent de la bastille Saint-Loup.

« J'ai entendu dire que des membres du clergé « revêtirent leurs habits ecclésiastiques pour aller « au devant de Jeanne, qu'elle les reçut, en exigeant « qu'on ne leur causât aucun mal. J'ai entendu dire « également qu'elle les fit conduire avec elle à son « logis, d'autres Anglais ayant été massacrés par « les gens d'Orléans.

« Ce soir-là Jeanne vint souper à son logis. Elle « était très sobre ; souvent elle ne mangeait qu'un « morceau de pain par jour. Je m'étonnais qu'elle « mangeât si peu. Quand elle restait à la maison, « elle ne mangeait que deux fois par jour.

« Le lendemain, vers trois heures, les hommes « d'armes du Roi passèrent le fleuve en bateaux « pour gagner la bastille Saint-Jean-le-Blanc. « Cette bastille tomba en leur pouvoir, et aussi « celle des Célestins (1).

« Jeanne repassa la Loire avec ses hommes « d'armes et moi, pour rentrer à Orléans, où elle « coucha à son logis, avec quelques femmes, suivant « son habitude. La nuit, en effet, elle avait toujours « une femme pour reposer à ses côtés, et s'il ne s'en « trouvait pas, quand elle était en guerre ou dans « les camps, elle couchait tout habillée.

(1) Il faut lire Augustins. Voir Quicherat, *op. cit.*, tome III, p. 79.

« Le jour d'après, malgré l'opposition de plu-
« sieurs seigneurs croyant qu'elle voulait mettre le
« Roi en grand danger, elle fit ouvrir la Porte de
« Bourgogne, ainsi qu'une petite porte se trouvant
« près de la grosse tour et traversa le fleuve, avec
« quelques gens d'armes, pour attaquer la bastille
« **du Pont** (1), que tenaient encore les Anglais. Là
« Jeanne fut blessée et débarrassée de son armure
« pour recevoir un pansement. Cette opération ter-
« minée, elle reprit ses armes et retourna se battre
« avec les autres qui avaient soutenu la lutte sans
« faillir, depuis la première heure jusqu'au soir.

« Enfin, le boulevard céda : Jeanne, toujours
« au combat, exhortait les hommes d'armes à avoir
« bon courage et à tenir ferme, parce qu'ils pren-
« draient cette forteresse à bref délai. Elle disait, ce
« me semble : « Quand vous apercevrez le vent faire
« flotter mon étendard du côté de la forteresse, vous
« l'aurez ». Les gens du Roi voyant qu'ils ne fai-
« saient rien et que la nuit était proche, commen-
« cèrent à désespérer. Jeanne, cependant, persistait
« toujours, promettant que la place leur appar-
« tiendrait le jour même.

« Les gens du Roi tentèrent un nouvel assaut
« qui ne rencontra aucune résistance. Les Anglais
« saisis de terreur, furent presque tous noyés.

« Le lendemain, les ennemis dispersés autour
« de la ville, reculèrent sur Baugency et Melun.
« L'armée du Roi, y compris Jeanne, les suivit et
« leur proposa de rendre la ville ou de se battre.

(1) La fameuse forteresse des Tourelles était située au bout du Pont d'Orléans.

« Le jour du combat, les Anglais s'éloignèrent de « cette ville, poursuivis par Jeanne et les gens du « Roi. La Hire (1) eut l'avant-garde, ce dont Jeanne « fut très fâchée, car elle aimait beaucoup à avoir la « charge de cette troupe. En outre, les gens du Roi « se comportèrent de telle sorte que La Hire, à la « tête de l'avant-garde, défit les Anglais, qui furent « presque tous tués et les gens du Roi remportèrent « la victoire.

« Jeanne était très pieuse et d'une grande pitié « en présence de tant de carnage. En effet, une fois, « un Français conduisant des captifs anglais, en « frappa un à la tête avec une telle violence, qu'il le « rendit presque mort. A cette vue, Jeanne descendit « de cheval pour faire confesser cet homme, le « tenant par la tête et cherchant à le consoler de « son mieux.

« Toujours en compagnie des gens du Roi, elle « se rendit à Jargeau que l'on prit d'assaut et où « plusieurs Anglais furent faits prisonniers, entre « autres **Suffort** (2) et **La Poule** (3).

« Après la levée du siège d'Orléans et les vic- « toires obtenues, Jeanne alla avec l'armée vers le « Roi, qui se trouvait alors à Tours, et il fut convenu « qu'il irait se faire sacrer à Reims. Celui-ci partit « avec son armée dans laquelle était Jeanne. Il « marcha vers Troyes qui se rendit, de là, sur Châ-

(1) Étienne Vignole, dit *La Hire*, mort en 1477, fameux capitaine de la Maison des barons de Vignole, établis en Languedoc, après avoir été chassés de leurs domaines par les Anglais.

(2) William Pole, duc de Suffork, que le Roi d'Angleterre avait créé comte de Dreux.

(3) John Pole, frère de William et capitaine d'Avranches.

« lons, qui tomba également en son pouvoir, et « enfin, sur Reims où le Roi, notre Sire, fut cou- « ronné et sacré en ma présence, alors que j'étais, « comme je le répète, page de Jeanne que je ne « quittais jamais.

« Je suis resté avec elle jusqu'à son arrivée « devant Paris.

« Autant que je puis en avoir connaissance, « Jeanne était bonne et honnête femme, vivant ca- « tholiquement. Elle aimait beaucoup à entendre la « messe, ne manquant jamais d'y assister, quand « c'était possible. Elle était très irritée quand elle « entendait blasphémer le nom de Dieu ou quelqu'un « jurer. J'ai, en effet, moi-même entendu que, quand « le duc d'Alençon jurait ou prononçait un blas- « phème, elle le blâmait. En général, personne de « l'armée n'eût osé jurer ou blasphémer devant elle, « qu'elle ne lui eût adressé des reproches.

« Elle ne voulait pas de femmes dans l'armée. « Ayant vu, un jour, à Château-Thierry, la femme « *amicte* d'un homme d'armes, qui était chevalier, « elle la poursuivit, l'épée à la main, mais sans la « frapper. Elle l'avertit toutefois, avec une affec- « tueuse douceur, de ne plus se trouver à l'avenir « avec des soldats, sinon qu'elle lui ferait déplaisir.

« Je ne sais plus rien, attendu que, comme je « l'ai déjà dit, je n'ai pas revu Jeanne, depuis son « arrivée devant Paris. »

Dès avant 1469, Louis de Coutes avait fixé sa résidence à Compiègne, en souvenir, certes, de l'affection que Jeanne prodiguait à cette ville, où, après le bonheur du triomphe, commença la première station de son calvaire.

Il mourut vers 1483, et reçut sa sépulture dans l'église de la Chartreuse du Mont-Renaud, qu'il avait comblée de ses bienfaits.

De son mariage avec **Guillemette de Vattetot** (1), Louis de Coutes laissa au moins deux enfants :

Jean, qui suit ;

Et **Florentin de Coutes**, écuyer, bailli de Chartres en 1488, après **Florent d'Illiers** (2), son oncle.

II.

Jean de Coutes, écuyer, seigneur de Rugles, du Bois-Arnaud (3), de l'Écureuil (4), et de Lucey (5), mort avant 1484, eût d'**Antoinette de Launay,** sa femme, deux fils et deux filles qui sont :

Antoinette de Coutes, dame de la baronnie de la Ferté-sur-Péron (6), épouse de **Valérien de Renty** (7), écuyer, seigneur de Plumoison (8), qu'elle

(1) Vattetot, famille normande, porte : *de gueules, à la tierce ondée, abaissée sous un croissant surmonté d'une fleur de lis, le tout d'or.*

(2) Illiers : *d'or, à six annelets de gueules.*

(3) Le Bois Arnaud, actuellement commune du canton de Rugles.

(4) L'Ecureil, seigneurie comprise autrefois dans la paroisse de Rugles.

(5) Lucey, ancien fief sur la paroisse de Neuve-Lyre, qui fait partie maintenant du canton de Rugles.

(6) La Ferté-sur-Péron, aujourd'hui la Ferté-Chévresis, canton de Ribémont, arrondissement de Saint-Quentin.

(7) Renty : *d'argent, à trois doloires de gueules, celles en chef adossées.* Au milieu du XIVe siècle, une héritière de cette puissante maison artésienne en a fait entrer les plus importants domaines dans la famille de Croy.

(8) Plumoison, commune du canton de Hesdin, arrondissement de Montreuil-sur-Mer (Pas-de-Calais).

rendit père de **François de Renty**, vivant en 1544 ;

Gaucher, dont l'article suivra ;

Louis de Coutes,, écuyer, servant en 1510, à l'armée d'Italie, sous le seigneur de Marolles, compagnon de Bayard ;

Marie de Coutes, mariée en 1485 à **Jean de Véres,** écuyer. seigneur de Beauvais-Nangis en Brie, d'où une fille, ci-après nommée.

Marie de Vères, dame de Beauvais-Nangis, décédée en 1554, s'allia d'abord à **Louis de Brichanteau** (1), seigneur de la Motte et Gurcy, veuve d'**Agnés de Choiseul.**

Celui-ci étant décédé, elle convola, en 1523, avec **François d'Anglure** (2), chevalier, baron d'Étoges (3) et de Boursault (4).

Du premier lit naquirent :

Crépin de Brichanteau, abbé de Saint-Vincent de Laon, évêque de Senlis, confesseur du Roi, mort en 1560 ;

Geoffroy de Brichanteau, chevalier de Malte, tué en Barbarie (1552) ;

Marie de Brichanteau, femme de **Louis de Billy,** gouverneur de Guise ;

Geneviève de Brichanteau, religieuse ;

Nicolas de Brichanteau, seigneur de Beauvais-Nangis, chevalier de l'Ordre du Roi, capitaine de

(1) Brichanteau, marquis de Nangis : *d'azur, à six besants d'argent.*

(2) Anglure : *d'or, semé de grelots d'argent, soutenus de croissants de gueules.*

(3) Étoges, canton de Montmort, arrondissement d'Épernay.

(4) Boursault, canton de Dormans, arrondissement d'Epernay.

500 hommes d'armes. Il se signala en diverses occasions et mourut à l'âge de 54 ans, des suites d'une blessure reçue à la bataille de Dreux, en 1562.

Par contrat passé devant Jacques Angier, notaire à Reims, le 15 mai 1539, il avait épousé **Jeanne d'Aguerre,** fille de **Jean d'Aguerre** (1), baron de Vienne (2), et de Jacquette de **Lenoncourt** (3).

Du mariage de Nicolas de Brichanteau avec Jeanne d'Aguerre sont nés :

Antoine de Brichanteau, marquis de Nangis, mort en 1617, chevalier des Ordres du Roi, ambassadeur en Portugal, colonel du Régiment des Gardes Françaises, créé amiral en 1589. Il continue la postérité par son union avec **Antoinette de la Rochefoucault,** dame de Charenton, fille puînée et héritière de **Charles de la Rochefoucault,** seigneur de Barbézieux, et de **Françoise Chabot ;**

Marie de Brichanteau, épouse de **Claude de Beaufremont,** lieutenant général en Bourgogne, gouverneur d'Auxonne, bailli de Châlons ;

Et **Françoise de Brichanteau,** alliée en 1581 à **Louis de Lhospital,** marquis de Vitry, chevalier des Ordres du Roi, capitaine des Gardes du Corps de Sa Majesté.

(1) Aguerre : *d'or, à trois pies au naturel.*
(2) Vienne-le-Châtea, canton de Villers-sur-Tourbe (Marne).
(3) Lenoncourt : *d'argent, à la croix engrelée de gueules.*

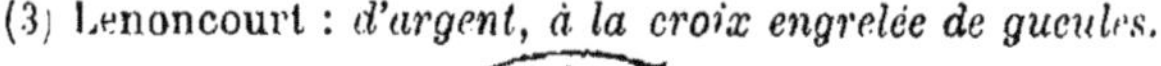

III.

Gaucher de Coutes, seigneur de Pavant (1), vicomte de Rugles, figure parmi les notables présents à la rédaction des *Coutumes de Meaux,* en 1509.

Marie de Villiers, sa femme, en eût cinq enfants, savoir :

Antoine de Coutes, homme d'armes des Ordonnances du Roi dans la Compagnie du duc de Vendôme, en 1524.

Antoinette, qui suit ;

Marie, dont il sera parlé plus loin ;

Louise de Coutes, mariée successivement à **Nicolas de Lambert,** et à **Guillaume d'Ardennay,** tous deux écuyers ;

Charles, qui suivra.

(1) Pavant-en-Brie, aujourd'hui Pavant, canton de Charly, arrondissement de Château-Thierry.

CHAPITRE DEUXIÈME

FAMILLES DE POISIEU, DE SAINT-PAUL, DE BROUILLY, DE MONTBETON, DE RABUTIN ET D'ARRAS.

I.

Antoinette de Coutes, dame de Rugles et de Pavant, épousa, en 1529, **Jacques de Poisieu,** chevalier, seigneur de Valéry, baron de Marolles.

Ce dernier avait pour bisaïeul **Aymar de Poisieu,** gentilhomme du Dauphiné, qui se trouvait à Orléans en 1428 et 1429, comme page au service de La Hire, et devint plus tard capitaine général des Francs-Archers de France. Après une chaude escarmouche entre les pages des Anglais et ceux des Français dont il était le capitaine, La Hire lui donna le surnom de **Capdorat,** « tant parce qu'il estoit fort blonc, comme aussi parce qu'il estoit très esveillé et de grant hardiesse entre les autres » (1).

Les Poisieu portent : *de gueules, à deux chevrons d'argent, surmontés d'une fasce en devise d'or.*

(1) Cf. *Journal du Siège d'Orléans et du Voyage de Reims*, dans QUICHERAT, *op. cit.*, tome IV, page 143.

II.

Michel de Poisieu, dit Cadorat, fils d'**Antoinette de Coutes**, est qualifié chevalier de l'Ordre du Roi et gentilhomme ordinaire de sa chambre. Il était en outre baron d'Anglure (1), seigneur de Pavant-en-Brie, Wartigny (2), Condé sur-Aisne (3) Prouilly (4), Semuy (5), Lor (6) et autres lieux.

Anne de Baudoche (7), sa première femme, qui disposa par testament, le 12 janvier 1572, avait pour père et mère, **François,** seigneur de Moulins, maréchal de Lorraine et **Isabeau de Lorraine.**

Il convola, en secondes noces, avec **Catherine d'O** (8), fille aînée de **Charles d'O,** seigneur de Vérigny. Celle-ci étant devenue veuve, prit une autre alliance avec **Robert de la Viéville,** chevalier, seigneur de Chailvet (9), conseiller du Roi en son Conseil d'État, lieutenant pour Sa Majesté au Gouvernement de Rethélois.

(1) Anglure, chef-lieu de canton de l'arrondissement d'Epernay (Marne).

(2) Wartigny, hameau de la commune de Murtin-Bogny, canton de Renwez (Ardennes).

(3) Condé-sur-Aisne, aujourd'hui Condé-les-Vouziers (Ardennes).

(4) Prouilly, village du canton de Fismes (Marne).

(5) Semuy, canton d'Attigny (Ardennes).

(6) Lor, canton de Neufchâtel (Aisne).

(7) Baudoche : *d'argent, à trois chevrons de gueules, au chef d'azur, chargé de trois tours d'or.*

(8) O : *d'hermine, au chef denché de gueules.*

(9) Chailvet, section de la commune de Royaucourt et Chailvet, canton d'Anizy-le-Château (Aisne).

Privé de descendants mâles, Michel de Poisieu n'avait pour héritières que trois filles :

Gabrielle, qui suit ;

Diane de Poisieu, mariée à **René du Plessis,** baron de Courcières ;

Et **Isabeau de Poisieu,** femme de **Adrien du Drac** (1), seigneur de Beaulieu, conseiller du Roi, gentilhomme ordinaire de la Chambre, bailli de Melun et Moret.

III.

Gabrielle de Poisieu eut pour premier mari **Antoine de Saint-Paul,** seigneur de Wartigny, maréchal de France pour la Ligue, gouverneur de Champagne, Mézières et du Rethélois (2), mort à Reims en 1594, dans les circonstances tragiques que l'on connaît.

Ce fameux personnage était fils d'**Antoine de Saint-Paul,** seigneur de Villers-Templon, et de **Jeanne de Pradines.**

La protection des Guise, en même temps que sa remarquable intelligence, lui valurent la bonne fortune de parvenir aux plus brillantes fonctions. Il se distingua particulièrement à la Journée des Barricades (1588). En récompense de ses services,

(1) Du Drac : *d'or, à un dragon ailé de sinople, armé, lampassé et couronné de gueules.*

(2) Sur le rôle qu'il joua en 1589, à Rethel, voir notre Notice intitulée, *La famille Lefebvre*, Sedan, Ém. Laroche, 1909, br. in-8, pages 10 et 11.

le duc de Mayenne l'avait nommé maréchal de France en 1593, sans toutefois que ce titre fut ensuite confirmé par le roi Henri IV.

Contrairement aux sentiments dénaturés que la malice de Voltaire lui impute dans la Henriade, il montra une grande modération au cours de toutes les campagnes qu'il entreprit, comme gouverneur de province. (1).

Le 14 août 1590, il fit son entrée à Mézières, en qualité de gouverneur. Obligé de se retirer chez lui « à cause de son vieil âge et indisposition », il réunit le 1er mars 1592, les échevins et notables de la cité, en la Chambre du Conseil, pour leur faire part de sa décision, et renouveler le témoignage de son affection qu'il veut leur continuer le reste de sa vie.

Une quinzaine de jours auparavant, c'est-à dire, le 12 février de ladite année, les registres des comptes communaux portent en dépenses la somme de dix livres, pour vin vieux, présenté au seigneur de Saint-Paul et à Madame, étant en couches (2).

Durant son séjour à Reims, le maréchal de Saint-Paul sut gagner la sympathie des habitants et leur faire approuver, sans trop de résistances, les lourdes charges de guerre que nécessitait la rigueur de la situation.

Les fréquents parrainages qu'il accepta dans certaines paroisses de cette ville (3) sont la meilleure

(1) *Histoire des seigneurs et châtelains, de Villers-Hélon par* M. de C. — Soissons, G. Nougarède, 1907, page 47.

(2) *Notes sur le Maréchal de Saint-Paul*, par O. de Gourjault. Arcis-sur-Aube, Léon Frémont, 1892, page 10.

(3) Voir aux Pièces justificatives, copie d'actes de baptêmes, extraits des anciens registres de l'État-Civil de Reims.

preuve de la franche estime qu'il s'était conciliée dans sa nouvelle résidence militaire.

Lors de sa présence à Reims, il eut aussi l'occasion de recourir parfois aux bons offices des notaires, pour le réglement de ses intérêts privés. On trouvera plus loin le texte des actes authentiques rédigés dans ce but ou à l'occasion du patrimoine de sa femme. Ces documents étant assez précieux au point de vue des annales de la contrée, il nous a paru bon de les transcrire intégralement.

Au moment où les Guise songeaient à traiter avec Henri IV, le maréchal de Saint-Paul fut tué le 25 avril 1594, dans une discussion habilement amenée pour le besoin de la cause, de la main même du fils aîné du Balafré (1).

Ses restes ont été inhumés dans la chapelle Saint-Eloi de l'église de Mézières, à l'exception toutefois de son cœur qui fut déposé en l'église des religieux Jacobins de Reims.

Gabrielle de Poisieu, sa veuve, contracta un nouveau mariage, avec **François de Népoux,** chevalier, seigneur de Peymault, gentilhomme ordinaire de la Chambre du Roi, de qui elle n'eut pas d'enfants.

Après avoir habité Reims, elle choisit comme résidence le château de Wartigny, où elle se trouvait en 1596, quand les échevins de Mézières lui offrirent deux poules de bois, comme marque de bonne amitié.

Plus tard elle se fixa, pendant plusieurs années, au village de Prouilly, avant d'aller finir son exis-

(1) Voir le récit de l'assassinat de Saint-Paul dans *le Journalier* ou *Mémoire de Jehan Pussot (1568-1626).*

tence à Soissons, où sa mort eût lieu en 1640, sur la paroisse Saint-Remy, dans une maison qui appartenait à son gendre, seigneur de Villers-Hélon (1). On la transporta aussitôt en l'église de ce lieu, pour y être inhumée au caveau de famille existant en la chapelle de la Vierge.

Un fils et deux filles naquirent du premier mariage de Gabrielle de Poisieu avec le maréchal de Saint-Paul :

Claude de Saint-Paul, à qui fut présenté le 8 octobre 1593, par les bonnes gens de Mézières, une écharpe de taffetas, d'une valeur de quinze livres. Il devint maréchal de camp du prince de Condé. Les registres de l'église Notre-Dame de Mézières, citent son nom au sujet d'un cens, qu'il acquittait avant 1610, sur une maison faisant coin, devant la porte Saint-Julien (2) ;

Renée de Saint-Paul, qui suit ;

Et **Charlotte de Saint-Paul,** mariée le 16 novembre 1608, en l'église de Prouilly, avec **Charles de Brouilly** (3), chevalier, seigneur et baron de

(1) Villers-Hélon, canton de Villers-Cotterets (Aisne).

(2) O. de Gourjault, *op. cit.*, p. 10.

(3) Brouilly, famille artésienne, dont l'un des membres périt à Azincourt. Elle porte : *d'argent, au lieu de sinople, lampassé, armé et couronné de gueules*.

Le 16 novembre 1594, par le ministère de Raoullet, notaire à Soissons, Me Claude Thévenin, chanoine de l'église de Soissons, donne à louage, pour un an, moyennant la somme de trente-trois écus soleil, à noble homme Antoine de Brouilly, écuyer, seigneur de Silly-la-Poterie, capitaine de cinquante hommes d'armes des ordonnances, oncle de Charles de Brouilly, « une salle basse, cuisine attenant, gallerie, une chambre et garde-robbe, grenier au-dessus, cave, celier et fournil, court, puict et

Bazoches (1), gentilhomme ordinaire de la Chambre de Monseigneur le Prince de Condé.

Le contrat préalable à cette union avait été passé le neuf du même mois, en la demeure seigneuriale du sieur de Peymault. En vertu de ce traité, **Charles de Brouilly,** écuyer, seigneur de Balagny, chambellan du Prince de Condé, avec l'assentiment de **Jeanne de La Fontaine** (2), sa femme, constituait en dot au futur époux, leur fils, divers biens, au nombre desquels se trouvait la seigneurie de Villers-Hélon, dont celui-ci prendra désormais le titre de vicomte.

De cette alliance sont issus :

François, qui suit ;

Et **Renée de Brouilly,** fille d'honneur de la princesse de Condé.

Par acte du 4 mai 1653, Charlotte de Saint-Paul dicta ses dernières volontés, en présence de Gosset et De la Clef, notaires à Soissons. Ce pieux testament, où se manifestent avec éloquence les sentiments de profonde humilité et d'exquise générosité de la donatrice, mérite d'être reproduit *in extenso.*

jardin, le tout faisant portion de la maison canonialle en laquelle ledit bailleur est demeurant, assize en ceste ville de Soissons, rue du Puis-Herlin, tenant d'une part au curé de l'église Saint-Remy, d'autre à Me Marc Delettres, chappelain de l'église de Soissons, à cause de sadite chappelle, par derrière aux remparts et à Me Lazart Loriot et pardevant à ladite rue ».

(1) Bazoches : canton de Braisne (Aisne). Ce village où on voit encore les restes d'un château féodal, a été illustré par le martyre de saint Ruffin et saint Valère, qui y furent massacrés, sur l'ordre de Rictiovare, à la fin du IIIe siècle.

(2) La Fontaine, seigneur d'Ognon, Fontaine et Bertinval : *bandé d'or et d'argent, de six pièces, les bandes d'or échiquetées de gueules de trois traits.*

Toutefois, à cause de sa longueur, nous le renvoyons aux pièces justificatives, où il ne perdra rien de son intérêt.

Six jours après, c'est-à-dire le 10 du même mois, la noble dame rendait son âme à Dieu, et son corps prenait place dans la chapelle funéraire de Villers-Hélon.

Le 25 décembre de l'année suivante, Charles de Brouilly mourut à son tour, et fut aussi enterré dans cette paroisse, à côté de sa femme.

IV.

François de Brouilly, son fils, conseiller du Roi en son Conseil d'État, lieutenant général au gouvernement de Champagne, porte les titres de marquis de Wartigny, baron de Bazoches, vicomte de Villers-Hélon, seigneur de Balagny, Rouvroy (1) et Montcornet (2).

Il prit pour femme **Christine de Génicourt,** d'Aultry, fille de **Jean-Vincent de Génicourt,** baron d'Aultry, chevalier de l'ordre du Roi, conseiller d'État, maître des Requêtes, et de **Françoise de Malain de Lux,** fille du **baron de Lux.**

(1) Rouvroy, canton de Rumigny (Ardennes).

(2) Montcornet, canton de Renwez (Ardennes). C'était autrefois le chef-lieu d'un marquisat, composé de trente-deux communes et appartenant en dernier lieu au duc d'Aiguillon. Ce prince en fit démolir le château, dont on admire encore les superbes ruines, auxquelles la situation agreste du paysage donne l'aspect le plus imposant.

L'auteur de l'*Histoire des Seigneurs de Villers-Hélon,* fait remarquer cette curieuse particularité que François de Brouilly, petit-fils du maréchal de Saint-Paul, assassiné par le fils aîné de Henri Ier, duc de Guise, le Balafré, épousa la petite-fille d'**Edme le Malain,** qui, le 5 janvier 1618, fut tué par le plus jeune des fils du Balafré, le chevalier de Guise, sous prétexte que le baron de Lux s'était vanté d'avoir su le dessein qu'avait le Roi de faire tuer M. de Guise à Blois.

François de Brouilly, mourut à Paris, au mois de décembre 1680, étant âgé de cinquante-un ans.

Christine d'Aultry, sa veuve, lui survécut jusqu'au commencement de l'année 1702.

De leur union, l'une des plus fécondes de la famille, ils laissèrent onze enfants, au nombre desquels il y a lieu de citer :

Françoise de Brouilly, née à Soissons, en 1650, religieuse aux filles de la Visitation Sainte-Marie, à Compiègne, en 1669 ;

Christine de Brouilly, religieuse du même ordre.

César, qui suivra ;

Antoine, comte de Wartigny, né en 1659, capitaine au régiment de Picardie, le 9 septembre 1684, qui fut affecté à celui de Tournaisis. Devenu colonel de ce régiment, il périt le 24 juin 1691, au siège de Coni, au moment où la contrescarpe était emportée ;

Charles de Brouily, chevalier de Wartigny, tué par le guet, en 1692 ;

Augustin-Scipion de Brouilly, chevalier non profès de Saint-Jean de Jérusalem, lieutenant au régiment du Roi-Infanterie. Le 20 octobre 1680, faisant partie d'une escadre de l'Ordre de Malte, il se distingua particulièrement dans la chasse dirigée contre deux corsaires de Tripoli qui furent coulés à 70 milles d'Alexandrie ;

Pulchérie de Brouilly, dame de Wartigny, Bazoches et du fief de Trouville, près Bar-le-Duc.

Seule survivante de la famille, elle dut, pour liquider la situation onéreuse que lui laissaient sa mère et ses frères, vendre, en 1708, le domaine de Villers-Hélon, à Louis Prévot du Barail (1), colonel au régiment du Roi-Infanterie, moyennant le prix principal de 42,000 livres.

Lors de ce douloureux effondrement, la dernière châtelaine de Villers était réfugiée au couvent des Filles Sainte-Marie, rue Saint-Antoine, à Paris. Le privilège de la vraie noblesse consistant surtout à se ruiner au service de la France, les Brouilly, ainsi que l'attestent leurs loyaux services, étaient trop bien nés pour faillir à ce devoir d'indéfectible patriotisme.

(1) Après diverses mutations, le château de Villers a passé entre les mains de M. Antoine-Maurice de Chauvenet, général de division, naguère commandant la 23e division d'infanterie à Angoulême, qui en est devenu propriétaire, ainsi que Mme Aimée-Louise-Marie Sieyès, sa femme, en vertu d'une vente faite à leur profit, le 16 novembre 1900.

V.

César de Brouilly, marquis de Wartigny, vicomte de Villers-Hélon, baron de Bazoches, paraît comme capitaine du régiment de Dragons-Dauphin, en 1667.

Après avoir été promu colonel d'un autre régiment de dragons, il revint, en 1697, avec le même titre au régiment du Dauphin. Il était parvenu au grade élevé de brigadier, quand il reçut une blessure au combat de la Vittoria (1700).

Saint-Simon le représente comme « une manière d'effronté fort plaisant, d'un commerce ordinairement fort doux, mais qui se choquait volontiers des impertinences ». On cite, en effet, à son sujet, quelques anecdotes qui semblent donner raison au bizarre portrait que cet auteur se plaît à faire de sa personne. Une autre fois, Saint-Simon proclame sa grande valeur, tout en signalant son caractère singulier.

Nommé maréchal de camp en 1702, César de Brouilly fit preuve d'une grande bravoure, le 27 octobre 1704, au siège de Verrue où il tomba mortellement frappé d'un coup de mousquet (1).

(1) M. DE C. *op., cit.*, p. 54.

VI.

Renée de Saint-Paul, par contrat du 24 novembre 1609, passé devant Angier, notaire à Reims, épousa **Jacques de Montbeton** (1), chevalier vicomte de Selles (2) et seigneur de Voncq (3), fils de **Jean de Montbeton,** écuyer, seigneur des mêmes lieux, et de **Luce de Bohan** (4).

Jacques de Montbeton devint gouverneur des ville et château de Rethel, lors du décès de Jean de Castignau (5) c'est-à-dire au commencement de l'année 1610. Il mourut lui-même dans l'exercice de ses fonctions le 1er mars 1629, et fut inhumé dans le chœur de l'église de Rethel (6).

Sa veuve se remaria avec **Léonor de Rabutin** (7) baron de Champigny, guidon des gendarmes du maréchal de Vitry qui, étant lui-même devenu veuf, se fit religieux du Tiers-Ordre. Il était fils de **Hugues**

(1) Montbeton : *d'azur, à la cloche d'argent, écartelé de gueules, à la bande d'or.* Cette famille répandue en Guyenne et en Picardie, vint s'établir en Champagne au commencement du xve siècle. Elle possédait la seigneurie de Selles qu'elle conserva pendant près de deux siècles.

(2) Selles, canton de Beine (Marne).

(3) Voncq, canton d'Attigny (Ardennes).

(4) Bohan : famille originaire des Ardennes, dont le premier auteur, Jacques de Bohan vivait en 1261.

(5) *Jean de Castignau, Gouverneur de Rethel* (1589-1610) par Paul Pellot et A. Baudon. Rethel, J. Beauvarlet, 1897.

(6) *Notes sur la famille de Montbeton,* par Paul Pellot, dans la *Revue historique ardennaise,* année 1896, p. 264.

(7) Rabutin, famille originaire de Bourgogne, qui porte : *cinq points d'or, équipollés à quatre de gueules.*

de Rabutin, seigneur de Champigny, et de **Péronne des Marins** (1).

Jacques de Montbeton ne paraît pas avoir laissé de descendance en ligne masculine; on ne lui connaît que deux filles ci-après nommées :

Charlotte, qui suit ;

Et **Françoise de Montbeton,** née à Rethel le 17 septembre 1614, qui fut mariée, par contrat du 25 février 1642, devant Charlier et Rogier, notaires à Reims, avec **Jean de Rabutin,** seigneur de Selles, quatrième fils de **Hugues de Rabutin** et de **Péronne des Marins.**

De ce mariage sont provenus entre autres :

Joseph-Charles de Rabutin, seigneur de Selles, capitaine au régiment de Piémont, mort vers 1725.

Jean-Louis de Rabutin, né en 1643, comte de Busssy (2), marquis de Frémonville, page du Prince de Condé.

Au cours d'un duel survenu dans la chambre même de Catherine de la Trémouille, princesse de Condé, il blessa, dit-on, cette dernière qui voulait séparer les combattants.

Ayant servi en Allemagne, Jean-Louis de Rabutin devint général en Hongrie, conseiller d'État de l'Empereur, maréchal de camp, général des armées de l'Empire, colonel d'un régiment de dragons, au

(1) Des Marins. Cette famille remonte à la fin du XIVe siècle. Elle est représentée en 1380, par Nicole des Marins, dame de Sorbon, qui avait épousé Guiot Symonnet, premier écuyer de Valentine, duchesse de Milan.

(2) Bucy-les-Pierrepont, canton de Sissonne, arrondissement de Laon (Aisne).

service de Sa Majesté Impériale, et mourut à Vienne en 1716, à l'âge de 74 ans.

Il avait épousé, en 1682, la Princesse **Dorothée-Elisabeth de Holstein-Sunderbourg,** fille du prince **Philippe-Louis de Holstein-Sunderbourg,** héritier de Norwège, duc de Vissembourg, d'où :

Le général comte **de Rabutin,** marquis de Frémonville, colonel de dragons en 1717, mort à Saint-Pétersbourg au mois de septembre 1727. Il remplit la charge de chambellan auprès de l'empereur Charles VI, et fut nommé son ambassadeur en Prusse et en Moscovie. Parmi les nombreux cadeaux qu'il dut à la munificence du tsar Pierre II, il faut accorder une mention spéciale au don du palais de Tikiq, avec tout l'ameublement faisant partie de ce somptueux édifice. La tsarine Catherine, de son côté, ne se contenta pas de le nommer chevalier de Saint-André. Elle lui aurait, paraît-il, prouvé plus effectivement encore la profondeur de son affection ; ce qui n'empêcha pas l'heureux favori d'épouser, en justes noces, **Marie-Thérèse,** comtesse **de Lamberg** qui le précéda de cinq ans dans la tombe (1).

VII.

Charlotte de Montbeton s'allia, par contrat de Rogier et Clocquet, notaires à Reims, en date du 3 mars 1642, avec **Acham d'Arras** (2), vicomte de

(1) O. DE GOURJAULT. *Op. cit.*, p. 8.

(2) **Arras** : *d'argent, au chevron d'azur, accompagné en chef de deux blairiers, affrontés de sable, becqués et pattés de gueules.*

Pour l'établissement de la filiation de cette famille, nous avons

Prouilly, chevalier, seigneur d'Haudrecy (1), Lor, Bussy et Peymault, capitaine au régiment de Bussy-Lameth, fils de **Robert d'Arras,** écuyer, sieur d'Haudrecy, et de **Françoise de Népoux.**

Elle en eut deux enfants :

Jean, qui suit ;

Et **Robert d'Arras,** écuyer, vicomte de Prouilly, seigneur d'Haudrecy, mentionné avec d'autres membres de la famille, dans l'enquête nobiliaire dirigée par l'Intendant de Caumartin, en 1667.

Charlotte de Montbeton étant décédée, son mari épousa, en deuxièmes noces, le 21 juin 1649, en la chapelle archiépiscopale de Reims, damoiselle **Appoline Lelarge** (2), veuve de **Jean Roland.**

Un peu plus tard, Acham d'Arras convolait, pour la troisième fois, avec **Adrienne Mathé.** Tous deux demeuraient à Reims, rue de Porte-Cérès, paroisse Saint-Symphorien, le 2 décembre 1655, au moment où, par son testament, articulé en présence de Viscot, notaire, ladite Adrienne demande à être inhumée dans l'église de Prouilly, en la chapelle de la Vierge, auprès de la première femme de son époux (3).

mis à profit les documents recueillis par notre regretté collègue Adrien Duchénoy, attaché à la Bibliothèque de Reims, dans les archives de l'Etat-civil des communes d'Haudrecy et de Prouilly.

(1) Haudrecy, village du canton de Renwez, dont le territoire est traversé par un embranchement de la chaussée romaine de de Reims à Trèves.

(2) Lelarge, famille rémoise, représentée à la fin du XVIIe siècle par Raoul Lelarge, docteur en médecine de la Faculté de Reims, qui portait *d'azur, à une aigle d'or.*

(3) Au mois de décembre 1655, suivant acte du même notaire, Acham d'Arras, donne à bail la terre et seigneurie de Bucy-les-Pierrepont, moyennant une redevance annuelle de huit cents livres et un porc gras.

VIII.

Jean d'Arras, écuyer, seigneur de Lor et autres lieux, décédé le 2 janvier 1709, à l'âge de 62 ans, fut inhumé dans le chœur de l'église de Prouilly.

Il s'était marié, par contrat du 16 février 1670, à **Marie-Thérèse de Noël** (1), dame de Prouilly, qui mourut à son tour le 19 octobre 1714, âgée de 64 ans, et reçut la sépulture auprès de son mari.

Elle l'avait rendu père de quatorze enfants nés à Prouilly. Nous ne nommerons que les suivants :

Charles-Acham, qui suit ;

Raoul d'Arras, lieutenant réformé au régiment royal en 1701 ;

Remy d'Arras de Lor, marié à **Anne-Brigide-Eulalie de Villelongue** (2). Il décéda le 10 septembre 1759, à l'âge de 78 ans, et fut enterré au même lieu que ses parents, dans le chœur de l'église de Prouilly ;

Robert d'Arras du Châtelet, (1681-1745), inhumé dans le tombeau de famille ;

Philippe, qui viendra plus loin ;

Et **Marie-Thérèse d'Arras,** qui s'unit, le 25 octobre 1718, à **Mre Eustache des Fossés** (3), alors

(1) Noël : *d'azur, au chevron d'or, accompagné de trois alérions d'argent.*

(2) Villelongue : *écartelé aux 1 et 4 d'argent, au loup passant de sable, aux 2 et 3 d'azur, à la gerbe d'or.*

(3) Des Fossés, seigneur de Jouaignes, maintenu après production depuis 1413 ; *d'or, à deux lions de gueules, adossés et passés en sautoir, ayant leurs queues entrelacées.*

garde du corps de sa Majesté, de la paroisse de Jouaigues, au diocèse de Soissons. Ce dernier était ancien brigadier du même corps, quand il mourut à Prouilly, le 15 octobre 1755, dans sa 64e année, laissant au moins deux enfants :

Eustache des Fossés, chevalier, seigneur de Prouilly, capitaine des chasses du comté d'Evreux;

Et **Charles-Henri des Fossés,** aussi chevalier. Tous deux vivaient en 1757.

IX.

Charles-Acham d'Arras, chevalier, né en 1670, était seigneur d'Haudrecy, Rimogne (1), le Châtelet (2) et Mondigny (3), vicomte de Prouilly, et chevalier de l'Ordre royal et militaire de Saint-Louis.

Après avoir servi comme capitaine au régiment de la marine, sous les ordres du comte Taleran, il devint lieutenant-colonel au régiment de Villelongue en 1707, et au régiment d'infanterie de Monterot en 1709.

De son mariage accordé par contrat du 8 février 1695, avec **Marguerite Maréchal,** sortirent quatorze enfants, parmi lesquels se trouvent :

Jean-Louis, qui suit ;

(1) Rimogne, canton de Rocroi.

(2) Le Châtelet, même canton.

(3) Mondigny, autrefois écart et section de la commune de Champigneulles-Mondigny, aujourd'hui commune du canton de Flize.

Nicolas d'Arras, seigneur de Bussy, né en 1697, décédé le 20 octobre 1736, à l'âge de 39 ans, après avoir été marié à **Louise-Colombe de Signier** (1) ;

Jean d'Arras, capitaine au régiment de Condé, en 1738 ;

Jean-Baptiste d'Arras, lieutenant au régiment de Touraine, tenant garnison à Metz, en 1740 ;

Pierre Remi d'Arras, chevalier, vicomte de Prouilly, seigneur d'Haudrecy, Le Chatelet, Bussy les-Pierrepont, Houry (2) et Mondigny, chevalier de l'Ordre royal et militaire de Saint-Louis, capitaine au régiment de Touraine-Infanterie, ayant épousé, le 20 août 1870, **Marguerite-Françoise de Digoine du Palais** (3), dame de Mailly, fille de feu **Ferdinand de Digoine du Palais**, chevalier, seigneur du Palais, ancien capitaine d'infanterie, et de dame **Marie de Marque,** de la paroisse de Mézières ;

Et **Marguerite-Gabrielle d'Arras**, qui s'allia, le 14 avril 1738, à **Philippe-Louis-Joseph de Hangest** (4), âgé de 35 ans, chevalier, seigneur de Fantigny, fils de feu **François-Etienne de Hangest**, chevalier, seigneur dudit lieu, et de **Marguerite Le Corrier,** de la paroisse de Rumigny.

Est né de cette union :

(1) Signier, seigneur de Rogny, Lugny, Marcy et Houry : *de gueules, à 6 têtes d'aigle, arrachées d'argent, couronnées d'or.*

(2) Houry, canton de Vervins (Aisne).

(3) Digoine du Palais, famille maintenue par M. de Bezons, intendant de Languedoc, en janvier 1671. Elle blasonne : *échiqueté d'argent et de sable de sept tires de six points.*

(4) Hangest : *échiqueté d'argent et d'azur, à la croix de gueules brochante.*

Remi-Pierre-Louis d'Hangest, officier au régiment de Languedoc-Dragons, en 1767.

Charles-Acham d'Arras et Marguerite Maréchal, sa femme, ont été inhumés en l'église d'Haudrecy, après leurs décès arrivés, savoir : celui du mari, le 18 septembre 1715, à l'âge de 55 ans, et celui de la femme, le 18 février 1740, dans sa 64e année. L'emplacement de la sépulture de celle-ci se trouvait « vis-à-vis la Sainte Vierge, à côté du maître autel ».

X.

Jean-Louis d'Arras d'Haudrecy, baptisé le 25 février 1696, vicomte de Prouilly, possédait partie des seigneuries d'Haudrecy, Le Châtelet, Rimogne, Bussy, Houry et Mondigny. Au titre de chevalier de l'Ordre de Saint-Louis, il joignait ceux d'ancien lieutenant-colonel du régiment de Condé-Infanterie et de brigadier des armées du Roi.

Il mourut à Charleville, le 24 janvier 1767, à l'âge de 70 ans, et fut ramené à Haudrecy, pour être inhumé le lendemain, en l'église paroissiale, dans le sépulcre de ses ancêtres, au côté gauche du chœur.

On lira plus loin avec intérêt le libellé d'une action en retrait lignager, que Jean-Louis d'Arras jugea à propos d'introduire contre l'acquéreur des parts appartenant aux époux des Fossés dans les domaines de Bussy, Houry, Prouilly et Rimogne.

De **Marie-Thérèse de Brilhac** (1), sa veuve, il laissa :

Remy-Pierre-Gabriel-Xavier d'Arras, né en 1755;

Et **Marie-Thérèse-Louise-Robertine-Josèphe d'Arras** d'Haudrecy, qui prit pour époux, le 28 novembre 1772, **Jean-Charles Jaspart, Baron de Minckwitz** (2), fils de **Guillaume-Joseph, Baron de Minckwitz**, chevalier, seigneur de Porcheresse, et de **Christine-Dorothée-Ernestine**, baronne de **Lardenois de Ville** (3), de la paroisse de Porcheresse, annexe de Graide, au diocèse de Liège.

XI.

Philippe d'Arras (fils de **Jean**, et de Marie-Thérèse de Noël) baptisé le 20 juin 1683, seigneur en partie de Prouilly, lieutenant des grenadiers du régiment d'Anjou, décéda le 21 avril 1756, étant âgé de 70 ans, et fut inhumé dans l'église.

Il avait épousé à Jouy (4), le 26 avril 1718, **Claude Françoise Duchesne de la Motte**, qui mourut à

(1) Brilhac : *d'azur, à trois fleurs de lis d'argent.*

(2) Minckwitz : *parti-émanché de deux pièces et une demie d'argent et de sable.*

(3) Lardenois de Ville, famille du duché de Bouillon, qui prouve sa généalogie depuis 1545. Armes : *d'azur, à une fasce d'argent cablée.*

(4) Jouy-les-Reims, canton de Ville-en-Tardenois (Marne).

son tour le 10 avril 1777, dans sa quatre-vingtième année.

Cette dernière était fille de **Jacques Duchesne,** gouverneur du château de Bouillon, et de **Françoise Brice.**

De son union, Philippe d'Arras eut onze enfants, dont deux seulement seront cités ici :

Marie-Anne-Jacqueline d'Arras, âgée de 25 ans, lors du mariage qu'elle contracta, en l'église de Prouilly, le 11 janvier 1757, avec son cousin germain, **Thomas-Marie de Montigny** (1), chevalier, seigneur en partie de Violaine (2), garde du corps de Sa Majesté, fils de **Roland de Montigny,** et d'**Élisabeth-Angélique Duchesne.** Elle mourut le 16 septembre 1771, ayant donné le jour à sept enfants;

Et **Robert-Gabriel d'Arras de la Marlière,** né en 1733. Divers actes authentiques le qualifient lieutenant au bataillon de milice de Châlons en 1757, ancien lieutenant au régiment de grenadiers royaux de Chantilly en 1767, et capitaine d'infanterie en 1777.

Le 20 juillet 1767, il épousa damoiselle Anne-Brigide de Chavigny (3), âgée de 42 ans, dix mois et treize jours, fille d'Étienne-Vincent de Chavigny,

(1) *Notice sur les Petit de Richebourg*, par Paul Pellot. Arcis-sur-Aube, Léon Frémont, 1891, p. 7.

(2) Violaine, section de la commune d'Olizy-Violaine, canton de Châtillon-sur-Marne.

(3) Chavigny : *d'argent, à la croix alaisée de gueules, bordée-endentée de sable au lambel du même, brochant en chef.*

écuyer, seigneur d'Artonges (1), et de Corrobert (2), ancien mousquetaire dans la première compagnie des Gardes du Roi, de la paroisse de Janvilliers (3).

(1) Artonges, canton de Condé-en-Brie (Aisne).
(2) Corrobert, canton de Montmirail (Marne).
(3) Janvilliers, même canton.

CHAPITRE TROISIÈME

FAMILLES D'ESPINOY & CANEL

I.

Marie de Coutes épousa, par contrat du 20 septembre 1520, **Antoine d'Espinoy,** écuyer, seigneur d'Hardecourt (1), d'une famille picarde dont les armoiries sont : *d'azur, à trois besants d'or en bande.*

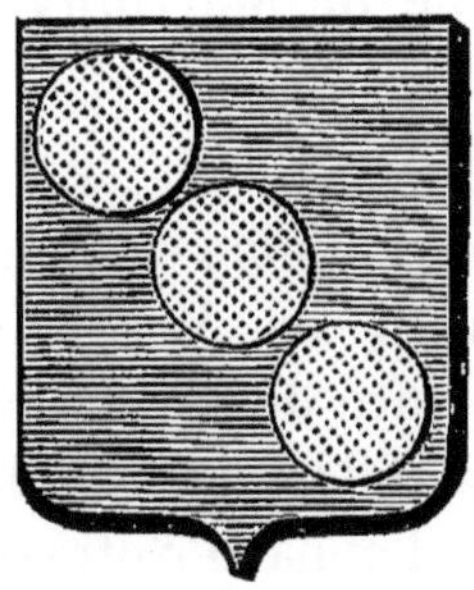

Celui-ci était fils de **Pierre d'Espinoy**, écuyer, sieur de Vaux en-Arrouaise (2), homme d'armes de la compagnie des Ordonnances du Roi sous la charge du duc de Bourgogne, et de **Jeanne de Mauroy** (**3**).

(1) Hardecourt, fief sur la commune de Macquigny, canton de Guise (Aisne).

(2) Vaux-en-Arrouaise, aujourd'hui Vaux-Andigny, canton de Wassigny (Aisne).

(3) Mauroy : *d'azur, au chevron d'or, accompagné de trois couronnes royales de France.* Cette famille remonte à Félizot Mauroy du Mesnil qui vivait en 1330, à Origny-en-Champagne. Parmi ses représentants actuels, nous citerons le comte Albert de Mauroy, licencié en droit, Grand-Croix de l'Ordre Militaire du Saint-Sépulcre, qui s'est distingué, en 1904, comme promoteur de l'œuvre du monument de Waterloo (Cf. *Rivista Araldica* de Rome, année 1905, p. 272).

De son union Marie de Coutes eut pour fils :

Louis, qui suit.

II.

Louis d'Espinoy, écuyer, sieur de Chavignon (1) et d'Hardecourt, conseiller au siège présidial de Laon, obtint des lettres de noblesse au mois de juillet 1579.

Suivant contrat daté du 24 juin 1550, il prit pour épouse **Jeanne de Martigny** (2), de laquelle sont issus :

César, qui suit ;

Bonne d'Espinoy, femme de **Jacques de Thuret,** (3), écuyer, seigneur de Verneuil-sur-Aisne (4), gentilhomme ordinaire de la Chambre du Roi, qui était représenté en 1608, par **Charlotte de Thuret,** sa fille, religieuse à l'abbaye Notre-Dame d'Ormont, (5), et en 1645, par Me **Jacques de Thuret,** son fils, chanoine et écolâtre de Notre-Dame de Reims ;

Philippe d'Espinoy, seigneur de Vrigny ;

Charles d'Espinoy, écuyer, sieur de Chéry-en-Laonnois (6), et de Goudelancourt en partie, conseil-

(1) Chavignon, canton de Vailly (Aisne).

(2) Martigny, ancienne famille laonnaise qui portait : *d'argent, au chevron d'azur, accompagné de trois roses de gueules, deux en chef et une en pointe.*

(3) Thuret, maison reconnue par l'Intendant Dorieu, sur preuve remontant à 1520. Elle portait : *de gueules, à trois têtes de léopard d'or.*

(4) Verneuil-sur-Aisne, aujourd'hui Verneuil-Courtonne, commune du canton de Craonne (Aisne).

(5) Cf. *Une prise de voile en 1711, à L'Amour-Dieu-les-Troissy*, par Paul Pellot. Saint-Amand, imp. Destenay, 1895, p. 11.

(6) Chéry-en-Laonnois : aujourd'hui Chéry-les-Pouilly, commune du canton de Crécy.

ler du Roi, lieutenant particulier et assesseur au siège présidial de Laon. A la mort de Henri IV, il fut avec Abraham Dagneau (1), maître des eaux et forêts, compris dans la députation chargé d'accompagner le marquis de Cœuvres, pour saluer le nouveau Roi et lui garantir le dévouement de leurs concitoyens à son service. **Marie de Fer,** avec laquelle il s'engagea dans les liens du mariage, avant 1596, était fille d'**Adrien de Fer,** conseiller du Roi, président et lieutenant général au bailliage de Vermandois, et de **Marie Doulcet** (2) ;

Jeanne d'Espinoy, mariée avant 1606, à **Charles d'Arsonval** (3), écuyer ;

Charles-René d'Espinoy, écuyer, seigneur de Liesse (4), vicomte de Barenton-sur-Serre (5), où il demeurait en 1614 ;

(1) Dagneau : *d'or, à deux lions affrontés de sable, armés et lampassés de gueules, au chef d'azur, chargé d'un agneau passant d'argent.* Cette famille a pour auteur le vaillant archer de la compagnie de Xaintrailles : Jean Dagneau, qui, à la bataille de Patay, le 19 juin 1429, fit prisonnier le fameux Talbot, généralissime de l'armée anglaise. Ce compagnon d'armes de Jeanne d'Arc peut donc passer pour le héros de l'épisode le plus éclat du combat. Cf. : *La Descendance d'un héros de Patay*, par le comte Couret, dans l'*Annuaire du Conseil héraldique de France.* Paris, 1900.

(2) Doulcet, famille dont la filiation remonte à Regnault Doulcet, lieutenant général au bailliage de Vermandois, qui fut anobli au mois de septembre 1473.

(3) Arsonval, seigneurs de Chavignon : *tranché d'or et d'azur, à une étoile à 8 rais de l'un en l'autre, chargée d'une croisette de gueules.*

(4) Liesse, canton de Sissonne (Aisne). Village célèbre par son pèlerinage, où se rendirent en 1632, Louis XIII et Anne d'Autriche, sa femme, pour prier la Vierge miraculeuse d'obtenir que le ciel leur donnât un fils.

(5) Barenton-sur-Serre, canton de Crécy, arrondissement de Laon.

Pierre d'Espinoy, écuyer, seigneur de Chavignon, conseiller au bailliage provincial de Soissons, et garde des Sceaux de la même ville en 1607.

III.

César d'Espinoy, écuyer, seigneur de Pauly (1), Coole (2), Chavignon, lieutenant général au bailliage de Rethélois, épousa par contrat du 13 janvier 1596, **Claude Bernier,** dame de Lonny (3), Deville (4) et Les Mazures (5).

César Bernier, seigneur de Saint-Vrain (6), son beau-père, après avoir réalisé une grande fortune dans le négoce, s'était rendu acquéreur du marquisat de Montcornet, le 27 décembre 1578, moyennant 82.000 écus d'or. Il ajouta ensuite à ce domaine d'autres terres du voisinage, telles que Cliron (7), Lonny, la Motte, partie des Mazures, Onchamps (8), Deville et Laifour (9).

De l'union de Claude Bernier avec **César d'Espinoy,** sont nés à Rethel :

Bonne d'Espinoy, baptisée le 26 septembre 1599,

(1) Pauly, aujourd'hui Pouilly-sur-Serre, canton de Crécy.
(2) Coole, canton de Sompuis (Marne).
(3) Lonny, canton de Renwez (Ardennes).
(4) Deville, canton de Monthermé (Ardennes).
(5) Les Mazures, canton de Renwez.
(6) Saint-Vrain, canton de Thiéblemont (Marne).
(7) Cliron, canton de Renwez.
(8) Onchamps, écart de Renwez, chef-lieu de canton de l'arrondissement de Mézières.
(9) Laifour, canton de Monthermé (Ardennes).

et décédée le 10 août 1656. Elle s'était mariée, le 11 novembre 1618, à **Philippe de Fougères,** écuyer, seigneur d'Aure (1). Devenue veuve, elle convola en secondes noces, avec **Charles d'Allamont,** seigneur de Vienne-la-Ville (2) et de Massiges (3) ;

Pierre d'Espinoy, décédé sans alliance, vers 1630 ;

Claude, né en 1505 ;

Charles, né en 1606 ;

Jeanne d'Espinoy, baptisée le 30 octobre 1607, mariée par contrat du 3 mai 1626, à **François d'Ambly** (4), chevalier, seigneur de Raillicourt (5), capitaine commandant le régiment de Nevers, fils de **Jacques d'Ambly,** gouverneur de Mézières, et de **Claude d'Estourmel** (6) ;

Jean-Louis d'Espinoy, baptisé le 17 avril 1609 ;

René, dont l'article suivra ;

Innocent d'Espinoy, né en 1614 ;

Et **Jacques,** dont il sera parlé ci-après.

(1) Aure, canton de Monthois (Ardennes).

(2) Vienne-la-Ville, canton de Ville-sur-Tourbe.

(3) Massiges, même canton.

(4) Ambly, filiation établie depuis 1356. Armes : *D'azur, à trois lionceaux de sable.*

(5) Raillicourt, canton de Signy-l'Abbaye (Ardennes).

(6) Estourmel : *de gueules, à la croix écretelée ou denchée d'argent.* Cette famille tire son origine de Raimbault Creton, seigneur d'Estourmel, croisé en 1086, qui monta le premier sur la crête des murs de Jérusalem.

IV.

Réné d'Espinoy, chevalier seigneur de Lonny (1), conseiller du roi, lieutenant général en la prévôté de son hôtel et conseiller au Parlement de Metz, naquit à Rethel, où il fut baptisé le 10 juin 1612.

Il demeurait à Paris, rue Barre-du-Bec, paroisse Saint-Médéric, le 20 septembre 1662, lorsque devant Pauffin et Barthellemy, notaires, il acquit la seigneurie de Bocquigny, en Picardie, mourant en plein fief de Monseigneur le duc de Guise. Ce domaine faisait partie des nombreuses propriétés du prince Henri de Lorraine, marquis de Moy (2), demeurant au château de Thugny, qui en fit alors l'abandon, moyennant le prix principal de vingt mille livres.

De **Louise Boutet,** que René d'Espinoy épousa, par contrat reçu en la ville de Paris le 16 mars 1643, naquirent avant l'année 1669, trois filles qui sont :

Claude-Edmée d'Espinoy, dame de Lonny et Cliron, mariée avec **Geoffroy-Domminique de Bragelogne,** conseiller duRoi en tous ses conseils, maître des requêtes ordinaires de son hôtel en 1695. Elle était

(1) Lonny, commune du canton de Renwez.

(2) *Claude de Moy,* sa mère avait épousé, en 1585, *Henri de Lorraine,* comte de Chaligny, prince du Saint-Empire, mort à Vienne en 1601. Elle s'éteignit pieusement le 3 novembre 1627, dans la maison des Chanoinesses du Saint-Sépulcre de Charleville, où elle alla s'enfermer en 1623, sous le nom de sœur Marie de Saint-François, après avoir abandonné par anticipation son patrimoine à ses enfants. Voir *L'héritage de Claude de Moy, comtesse de Chaligny,* par Paul Pellot, Arcis-sur Aube, Frémont, 1894.

veuve et résidente au château de Lonny, le 18 février 1721, qu'elle figure dans un acte notarié, pour consentir bail, moyennant deux cents livres par an, de l'une de ses métairies sise à Charroué (1) ;

Elisabeth d'Espinoy, femme de **Jean-Baptiste Ribaudon,** seigneur de Monsseau, conseiller au Parlement de Paris ;

Et **Madeleine d'Espinoy.**

V.

Jacques d'Espinoy, chevalier, vicomte de Coole, baron de Songy (2), seigneur d'Estremont, gentilhomme ordinaire de la chambre du roi, comparait le 7 juillet 1633, dans une transaction accordée entre lui et Jean Antoine des Mesmes (3), chevalier, seigneur d'Irval (4), surintendant des affaires du duc de Nevers, par laquelle il se désiste, au nom de Claude Bernier, sa mère, des prétentions qu'elle entendait exercer sur les bois de Montcornet.

Le 13 décembre 1666, il acquit la seigneurie de Châtel qui avait été saisie sur Anne de Florainville, veuve de René de Roucy (5).

(1) Charroué, hameau dépendant de la commune de Cliron.

(2) Songy, commune du canton de Vitry-le-François.

(3) Mesmes : famille diplomatique, originaire des Landes, en faveur de laquelle fut érigé, en 1638, l'ancien comté d'Avaux. Cf. Henri Jadart, *Passage du comte d'Avaux à Reims en 1643*. Reims, imprimerie de l'Académie, 1894.

(4) Irval : actuellement ferme sur la commune de Vendeuil, canton de Fismes (Marne).

(5) Roucy : *de gueules, au chou d'or*, noblesse remontant à l'année 980.

Jacques d'Espinoy, qui demeurait à Songy en 1651, transféra plus tard sa résidence à Paris, où il se trouvait en 1661.

Le dernier jour du mois d'août 1627, il fut appelé à servir comme capitaine au régiment de Bussy. Deux ans plus tard à la date du 16 septembre, il devenait capitaine d'infanterie pour s'élever dans la suite au grade de maître de camp, par brevet du 2 mai 1635.

De son mariage réalisé par contrat des notaires de Liège, le 24 septembre 1631, avec **Catherine Damas,** il laissa sept enfants :

François d'Espinoy, écuyer, seigneur d'Estremont, mentionné dans un acte du 16 avril 1666, qui contient bail, au nom de son père, pour une année, à Jean Regnesson, marchand, de la seigneurie de Termes avec ses dépendances, moyennant une redevance de mille livres. Il entra le 30 janvier 1655, comme page à la cour de Louis XIV et en sortit le 3 juin 1659. Nommé cornette le premier septembre 1660, il devint capitaine de cavalerie, en vertu d'une commission délivrée au mois de juin 1667. **Jeanne Aubertin,** sa femme, à qui il s'était uni, par contrat du 4 mars 1666, ne paraît pas avoir eu d'autre enfant qu'une fille baptisée en 1667 sous le prénom de **Catherine,** à Châlons-sur-Marne.

César, qui suit.

Antoine-René d'Espinoy, écuyer, prieur de Saint-Benoît de Cazal.

Jacques-François d'Espinoy, seigneur de Songy, capitaine dans le régiment de Saint-Simon.

Louis d'Espinoy, chevalier de Malte, désigné page du Grand Maître de l'Ordre en 1667.

Catherine d'Espinoy mariée au sieur **Daon de la Fantrière.**

Marie d'Espinoy, épouse de **Louis le Picart,** seigneur d'Oultre-Mesnil (1).

VI.

César d'Espinoy, chevalier, vicomte de Coole, était en outre titulaire des seigneuries de Châtel, Apremont (2), Exermont (3), le Châtelet, Rimogne, Magneux (4) et Rocroi (5) en partie.

Après avoir été page de la Reine Mère, Anne d'Autriche, il servit en qualité de cornette et fut promu en 1667, comme lieutenant de cavalerie, dans la compagnie du sieur d'Estremont, son frère.

Les 16 et 17 février 1679, il fournit au roi le dénombrement de la seigneurie de Châtel, relevant de la châtellenie de Sainte-Menehould. Ce document énonce que ladite terre lui appartient, pour partie du chef de son père, et pour le surplus au moyen de la vente que lui en ont faite Albert et Louis Lardenois de Ville, comme héritiers de feu Louis de Doré, baron de Bolandre.

César d'Espinoy, mourut à Forges (6), le 13 août

(1) Voir *Nobiliaire de Champagne* en deux volumes, manuscrit n° 1949 de la Bibliothèque de Reims, tome I, p. 424 à 426.

(2) Apremont : canton de Grandpré (Ardennes).

(3) Exermont : même canton.

(4) Magneux : canton de Fismes (Marne).

(5) Rocroi : chef-lieu d'arrondissement du département des Ardennes.

(6) Forges, canton de Montfaucon (Marne).

1714 et son corps fut ramené à Châtel, pour y être inhnmé en l'église paroissiale.

Claude de Saint-Quentin (1), sa femme, qu'il épousa le 12 août 1675, était fille de **Charles de Saint-Quentin**, chevalier, seigneur de Cierges (2), maréchal de camp ès armées du Roi, et de **Jeanne de Chartongne**(3). Les six entants qui sortirent de ce mariage sont tous nés à Châtel :

Nicole-Charlotte d'Espinoy, baptisée le 10 octobre 1676, mariée le 24 mai 1707, à **Claude de Chartongne** (4), chevalier de l'ordre militaire de Saint-Louis, capitaine au régiment de Piémont, né à Bertoncourt, le 7 octobre 1677.

Antoine-René d'Espinoy, chevalier, seigneur de Châtel, Cierges et Exermont, capitaine au régiment du Maine, baptisé le 16 octobre 1680, décédé le 9 novembre 1745, après avoir été allié à **Claude de Saint-Quentin de Manimont** (5).

Par acte du 18 décembre 1708, son père, demeurant alors à Charleville, lui procurait la jouissance des moulins et des bois de Châtel, avec

(1) Saint-Quentin : *d'azur, à la fasce d'or, chargée d'une souche d'arbre de gueules et accompagnée en chef de 3 molettes d'éperon du second émail.*

(2) Cierges, commune du canton de Montfaucon.

(3) Chartongne : *de gueules, à 5 anneaux d'or posés en sautoir.*

(4) Philippe-François-Louis de Chartongne, son père, seigneur de Neuvizy et de Bertoncourt, brigadier des armées du Roi, directeur général de l'infanterie de France, fut tué au siège de Verrue en 1704. Il s'était acquis une telle réputation de bravoure que Louis XIV disait en parlant de lui : « Si j'avais à combattre l'Enfer, j'y enverrais Chartongne ».

(5) Manimont, hameau détruit depuis un siècle, qui, en dernier lieu, faisait partie de la commune de Saint Loup-Terrier, canton de Tourteron (Ardennes).

les droits seigneuriaux d'Apremont, à charge de payer au bailleur, sa vie durant, une rente annuelle de 1.000 livres.

Anne, qui suit.

César, baptisé le 5 Janvier 1686.

Jules-César d'Espinoy, chevalier, seigneur du Mont-de-Pierre, y demeurant, capitaine de cavalerie au régiment de Rohan en 1737.

Et **Claude-Charlotte d'Espinoy,** baptisée le 13 novembre 1689.

VII.

Anne d'Espinoy, baptisée le 4 Juillet 1683, mourut à Charleville, le 8 octobre 1730, étant âgée de 47 ans, et fut inhumée dans l'église de cette paroisse.

Son mariage avait eu lieu en la même ville le 13 décembre 1712, avec Messire **Jean,** comte **Canel** (1), écuyer, seigneur de la Motte-lez-Renwez, Avançon (2), le Châtelet et Rimogne. Après quelque temps de veuvage, celui-ci vint habiter Apremont, où il mourut le 28 février 1742, dans sa soixante-et-onzième année.

Durant son existence, il exerça successivement les fonctions de président des traites et gabelles de sa Majesté au département de Sedan, Donchery (3),

(1) Canel de la Mothe : *d'azur, au trèfle d'argent, entre trois fers de rabot de même.*

(2) Avançon : canton de Château-Porcien (Ardennes).

(3) Donchery, canton de Sedan sud.

Mézières et Rocroi, d'avocat général à la cour de Charleville et de lieutenant général civil et criminel au bailliage de la principauté d'Arche et Charleville. Me **Jean,** comte **Canel,** son père, l'avait précédé dans ces mêmes offices, en même temps qu'il occupait la présidence de la cour souveraine en la ville de Bouillon.

Anne-Claude-Angélique Canel, l'un des quatre enfants d'**Anne d'Espinoy,** décéda le 10 juillet 1745, dans sa vingt-huitième année, à Châtel, où elle avait épousé, le 2 octobre 1738, Me **Frédéric de Salse** (1), chevalier, seigneur de Son (2), capitaine au régiment de Normandie, fils de Pierre de Salse, chevalier, seigneur de Son et Bayonville (3) et de Charlotte Le Goulon.

(1) Salse, maison originaire de Catalogne : *d'azur, au lion d'or, lampassé, armé et couronné de gueules.*

(2) Son, canton de Château-Porcien.

(3) Bayonville, section de la commune de Bayonville-Chennery, canton de Buzancy (Ardennes).

CHAPITRE QUATRIÈME

LES DERNIERS REPRÉSENTANTS DU NOM DE COUTES

I.

Charles de Coutes, chevalier, vicomte de Pavant, baron de La Ferté-sur-Péron, arrière-petit-fils du page de Jeanne d'Arc, mourut avant l'année 1572. Au nombre des terres composant son patrimoine, se trouvaient les seigneuries de Wartigny, Sormonne, Rouvroy, Sécheval (1), Basigny (2), Lor, Amifontaine (3), Prouilly, Condé-sur-Aisne, Ardeuil (4), Dannevoux (5) et Chercot. Puisque nous venons de parler de Wartigny, il ne sera pas indiscret de rappeler ici l'acte du 18 août 1545, aux termes duquel devant Angier et Dehuz, honoré seigneur Nicolas Cauchon (6), écuyer, seigneur de Mau-

(1) Sormonne et Sécheval, canton de Renwez.

(2) Basigny, village existant autrefois dans le voisinage de Renwez, et dont les derniers vestiges ont disparu depuis près d'un siècle.

(3) Amifontaine, canton de Neufchâtel (Aisne).

(4) Ardeuil, section d'Ardeuil-Montfauxelles, canton de Monthois.

(5) Dannevoux, canton de Montfaucon (Meuse).

(6) Cauchon, l'une des familles les plus anciennes de Reims, qui a racheté par de signalés services le triste privilège d'avoir donné le jour au criminel évêque de Beauvais, qui fut l'instigateur du martyre de la bienheureuse Jeanne d'Arc.

pas (1), le Cosson (2) et Saint-Imoges, enseigne de cinquante lances des Ordonnances du Roi, sous la charge du sieur de Longueval, moyennant l'abandon d'un autre bien sis à Avenay (3) céda par échange à Olivier du Glas (4), écuyer, seigneur de Ployart (5), le fief de la moitié des dîmes de Murtin (6), Wartigny et Bolmont (7), avec huit fauchées de pré sur Haudrecy, lieudit le pré des Esguillettes. La même cession, outre le susdit fief mouvant du comte de Porcien, à cause de son châtel de Montcornet, comprenait aussi huit setiers de blé-froment de rente, à percevoir chaque année, sur les moulins de Rouvroy.

Voici le détail des principaux services de Charles de Coutes, attestant qu'il sut mettre à profit les exemples de dévouement et de bravoure dont ses ancêtres lui avaient légué le magnifique héritage. Vers 1544, il paraît comme guidon dans la Compagnie des cent lances fournies des Ordonnances du Roi, sous la charge du duc de Lorraine, et en 1549, en qualité d'écuyer d'écurie du Roi. On le retrouve, en 1553 et en 1554, avec le titre de lieutenant dans

(1) Maupas, écart de Serzy et Prin, canton de Ville-en-Tardenois (Marne).

(2) Le Cosson, ferme de la commune de Sermiers, canton de Verzy (Marne).

(3) Saint-Imoges et Avenay, canton d'Ay (Marne).

(4) Du Glas : *d'azur, au château à trois tours d'argent, maçonné de sable, chargé d'un écusson d'argent, à un cœur de gueules, couronné d'or, au chef d'azur, chargé de trois étoiles d'argent.*

(5) Ployart, section de Ployart et Vaurseine, canton de Laon.

(6) Murtin, section de Murtin-Bogny, canton de Renwez.

(7) Bolmont, hameau de Romilly-les-Pothées, canton de Renwez.

la Compagnie de quatre-vingt dix lances, sous la charge du Maréchal de Brissac. Gentilhomme ordinaire de la Chambre du Roi, l'année suivante, il fut promu chevalier de son Ordre en 1562. La carrière de ce bon serviteur de la Patrie dut se terminer avec les fonctions de lieutenant de la Compagnie de cent lances, sous la charge du duc de Lorraine, qu'il exerçait encore en l'année 1569.

Charles de Coutes épousa damoiselle **Magdelaine d'Aguerre,** fille de **Jean d'Aguerre,** baron de Vienne, capitaine de cinquante hommes d'armes des Ordonnances du Roi, et de **Jaquette de Lenoncourt**.

Tous deux demeuraient à Pavant en 1560. A défaut de descendants légitimes, Charles de Coutes ne laissait qu'un fils naturel, pour héritier de son nom et de sa gloire :

Robert, dit le **Bâtard de Pavant,** qui suit.

Bien qu'elle ne dut mourir qu'après 1560, Magdelaine d'Aguerre pourvut de bonne heure au règlement de sa succession future, par l'expression de ses dernières volontés en forme authentique. Ce testament, passé en présence de J. Angier et N. Dehuz, notaires, le 21 septembre 1545, relate quelques dispositions importantes. Il est donc juste de lui accorder place au nombre des documents réunis en fin du présent travail.

Nous avons relevé dans les archives de notaires plusieurs actes signés par Charles de Coutes et sa femme, au sujet de l'administration de leurs affaires privées. On lira la teneur littérale des plus curieux aux pièces justificatives. Il suffit par conséquent de se borner ici à une brève analyse,

Le 8 novembre 1548, Charles de Coutes, en

échange de partie de la seigneurie de Dannevoux, délaisse à Christophe de Fresneau (1), écuyer, le Bois de Lor qu'il tenait « par le trespas de Jean de Lor, son oncle, grand doyen de la Cathédrale de Laon ».

Le 30 octobre 1551, devant Gérard Savetel, notaire, Jehan Lelarge, vigneron à Pévy (2), vend à Mre Ponce Lecomte, chanoine de Notre-Dame de Reims, une pièce de vigne, sise au terroir de Prouilly « chargé d'un denier parisis de cens pour le jour de vigne, envers Charles de Coultes, sieur dudit Prouili ».

Suivant acte de Jacques Angier, il baille à ferme, en faveur de Pierre Cabryart, marchand à Reims, les revenus des seigneuries de Wartigny, Sormonne, Rouvroy, Sêcheval, Onchamps, Basigny et les Mazures, avec les droits seigneuriaux qu'il possède ès terres de Renwez, Montcornet-en-Ardennes et Deville, moyennant une indemnité de 700 livres par an.

Le 5 avril 1555, par acte dudit Angier, Charles de Coutes, constitue Pierre Cabryart, son procureur, à l'effet de donner à bail les biens dont la désignation précède.

Aux termes d'un accord accepté, le 18 avril 1558, devant Angier et Vauronart, notaires à Reims, il cède, avec l'adhésion de sa femme, le cinquième indivis lui revenant dans la terre de Vandy, à Jean d'Aspremont, seigneur de Semuy et de Voncq, et Jeanne de Sugny, son épouse, qui lui livre en contre-

(1) Fresneau, seigneurs de Bois de Lor : *d'azur, à la fasce d'argent, chargée d'un lion de sable passant, armé et lampassé d'or, à 3 écus d'argent en chef, et 3 de même en pointe, posés 2 et 1.*

(2) Pévy, canton de Fismes (Marne).

échange : 1° la seigneurie de Semuy, non compris le moulin à eau de Warou (1) ; 2° la rivière de Voncq, appartenant au sieur d'Aspremont du chef du feu sieur de Bohan, son aïeul.

Le même jour, Charles de Coutes affermait, au profit du sieur Pierre Durant, la seigneurie de Semuy, provenant de l'échange sus daté et autres droits, à charge de lui payer 225 livres 13 sols de deniers tournois de redevance.

Le 23 avril 1560, Madeleine d'Aguerre, fondée de pouvoir de son mari, donne à louage, au profit de Louis et Didier Rouyer, laboureurs, une métairie, sise à Braux-Sainte-Cohière (2), pour une durée de neuf ans, sous condition de payer, tous les ans, à la Saint-Martin, un fermage de vingt grands setiers de grain, mesure de Châlons.

(1) Les époux d'Aspremont avaient antérieurement vendu le moulin de Warou, au profit d'Aleaume de Dampierre, écuyer, seigneur de Puiseux, demeurant à Suzanne, pour 150 écus d'or soleil « du coing du roy ». L'acte d'aliénation passé devant Nicolas Rogier, notaire, le 17 avril 1545, désigne ainsi l'immeuble cédé : « ung molin à eaue, consistant en maison, molin, grange, estable, huilleryе, pilleryе, terres, prez, cours d'eau appartenant audit molin, communément appelé le molin de Warou, bannal aux habitants dudit Semuyd, chargé de six septiers froment et six septiers avoine envers le prieuré dudit Semuyd, et estans de la seigneurie dudit Semuyd, tenu et mouvant en plein fief du comte de Rethélois ».

Jean d'Aspremont était enseigne de cinquante hommes d'armes des Ordonnances du Roi, sous la charge de Monseigneur de Jametz, son cousin, quand Jehan de Thourotte, maréchal héréditaire du comte de Champagne, lui fit don de la seigneurie de Conflans, située au comté de Vertus, bailliage de Vitry. Ce domaine, résidence habituelle du donateur, consistait en chatel, maison forte, basse-cour, justice haute, moyenne et basse, terres, prés, bois, rivière, garenne, cens, surcens et autres droits.

(2) Braux-Sainte-Cohière, canton de Sainte-Menehould.

Par acte de Rogier, notaire, ladite dame de Coutes promet, le 24 février 1560, à « noble seigneur Jacques des Barres, dit le Baroys(1), seigneur de Neufvis, demeurant audit lieu », de faire renoncer Robert de Boutillac (2), seigneur de Resson (3), au retrait lignager qu'il a intenté contre lui, au sujet de la seigneurie d'Apremont (4).

II.

Robert de Coutes, chevalier, seigneur et vicomte de Pavant, servit en qualité de guidon de 1564 à 1570, et comme enseigne, depuis cette dernière époque jusqu'à 1574, dans la compagnie d'ordonnance sous la charge du duc de Lorraine.

On vient de voir que Charles de Coutes, son père, était lieutenant dans la même compagnie.

Robert de Coutes ne paraît pas avoir fait souche. Sa postérité, du moins, si elle existe, est inconnue.

Avec lui disparaît la trace d'un superbe lignage, représenté à Saint-Jean-d'Acre, à la conquête de Flandre, à Poitiers, et dans chacune des campagnes de la glorieuse Iliade accomplie par la Pucelle d'Orléans qui sera bientôt la Sainte de la France.

(1) Jacques des Barres, fils de Louis des Barres, « dict le Baroys », en son vivant maître d'hôtel ordinaire du Roi.

(2) Boutillac : *d'argent, à trois barillets de gueules.*

(3) Resson, section de Pargny-Resson, canton de Rethel.

(4) Apremont, canton de Grandpré (Ardennes).

PIÈCES JUSTIFICATIVES

I.

REGISTRE DES BAPTÊMES DE LA VILLE DE REIMS

Paroisse Saint-Symphorien

1589. — Jehanne, fille de Claude Charpentier, marchant, dem. à Rheims, et dam^elle^ Marie Noël, sa femme, a esté baptizée le septiesme jour de juing 1589. Parin Nicolas Boulet, et Jehanne Cachette, sa femme. Ce fut le lendemain que la gendarmerye et les lansquenetz conduictz par le seigneur de St Paul partirent des environs la ville de Rheims.

Paroisse Saint-Pierre

1590. — Le 17e de mars, fut baptizé Anthoine, fils de noble homme de la Berguerye, escuier, seigneur de Savygny et de Jacquelyne, sa femme, nommé par honoré seigneur Anthoine de Saint Paul, lieutenant pour le Roy en Champagne, Retélois et Bry, et par damoiselle Claude de Proysy, femme de noble homme Jacque de Chastillon, s^r^ de Marigny.

1590. — Le dernier jour octobre, fut tenue sur les sainct fonds de lad^e^ église de Saint Pierre, Anthoine filz de deffunct noble homme Pierre de la Fouger (1), escuier, seigneur dudit lieu, et de damoiselle Anne de Moro (2), sa femme, nommé par Mre Pierre Frizon, doyen et chanoine de l'église de Notre Dame et par noble dame Gabriel de Poissieu, femme de noble homme

(1) C'est donc à tort que Caumartin cite Pierre de la Fougère comme étant décédé en 1591.

(2) Anne de Mourot, auparavant veuve de Claude d'Arsenay.

Antoine de Saint Paul, lieutenant pour le Roy en Champaigne, Retélois et Bry.

1591. — Le 24e de febvrier, fut baptizé Henry, filz de noble homme Me Claude Chevalier, conseiller au siège présidial à Rheims, et de damoiselle Margueritte Godet, sa femme, nommée par hault et puissant seigneur Anthoine de Saint Paul, lieutenant général au gouvernement de Champaigne, Retélois et Brie, pour le Roy qui sera catholique, et par damoiselle Gabriel de Poisieu, dame de Pavant.

1591. — Le 20e de novembre, fut baptizé Ponce, filz de Me Pierre Turpin, procureur au baillage de Reims et de Janne le Poyvre, sa femme, nommé par Germain le Poyvre, greffier de l'eschevinage dudit Reims, au (lieu) de hoble homme Poncelet le Poivre, secrétaire de haut et puissant seigneur Anthoine de Saint Paul, lieutenant général au gouvernement de Champaigne, Brie et Retélois, et par Eutrope Angier, femme de Me Jean le Poivre.

1592. — Le 10e de mars, fut baptizé Nicolas, filz de Hubert Chevalier, homme d'arme de la Compaignie de monseigneur de Saint Paul, et de Janne Pougois, sa femme, nommé par noble homme Nicolas Doynel, mareschal des logis dudit sieur de Saint Paul et par Jacquet Polonceau, femme de Me Jean Bertier.

1593. — Le 5e d'aoust, fut baptizée Marie, fille de Me Germain le Poyvre, greffier en l'échevinaige de Reims, et de Magdelaine le Frique, sa femme, nommée par Me Ponce le Poyvre, secrétaire de monseigneur de Saint Paul, mareschal de France, et par Janne le Poyvre, femme de Me Pierre Turpin, procureur au ballage de Reims.

II.

Transport par le Maréchal de Saint-Paul, aux habitants de Reims, de sommes à lui dues par Claude Cauchon. seigneur de Neuflize, et par les habitants de Montcornet.

22 Mars 1590

J. Charlier et E. Mothé.

Fut présent honoré seigneur Anthoine de Sainct Paul, lieutenant général pour le Roy notre sire ès pays de Champagne, Rethellois et Brye, cappitaine de cent hommes d'armes et conseillier au Conseil d'Estat de sa Majesté. Et recongnut avoir ceddé et transporté, et par ces présentes, cedde et transporte, à messieurs les manans et habitans de la ville de Reims, stippullant et acceptant par honorable homme Maìstre Pierre Cocquillart, procureur desdicts habitans, à ce présent, la somme de huict mil escus d'or soleil, d'une part, deubz audict sieur de Sainct Paul, par Claude Cauchon, escuyer, seigneur de Neuflize et d'Unchair, par obligation passé devant et signé de nous notaires soubz signetz cejourdhuy, dacte de ces présentes, et la somme de quatre mil escus d'or soleil, d'aultre part, aussy deubz audict sieur de Sainct Paul, par les manans et habitans de Moncornet, par obligation passé pardevant notaires royaulx audict lieu, le quatriesme jour de fébvrier dernier, le tout pour les causes, et à payer comme porté est par lesdictes obligations, en faisant par ledict sieur de Sainct Paul, les susdicts habitans dudict Reims, d'icelles sommes vrays sieurs, receveurs, poursuyveurs, pourchasseurs, porteurs de lectres, leur ceddant tous droictz d'actions exécutoires, poursuictes et contrainctes, les subrogans du tout en son lieu, droict et place... Ce présent transport faict moyennant la somme de cincq mil deux cens escus d'or soleil, luy ont esté fourny contant audict sieur de Sainct Paul, savoir : par le clergé dudict Reims, douze cens escus soleil, et quatre mil escus soleil, par aucuns particuliers, habitans de ladicte ville, et dont... et le par dessus montant à six mil huict cens escus soleil, seront payez audict sieur de Sainct Paul, par lesdicts habitans dudict Reims, tost et incontinant qu'ilz auront receu des susdicts Cauchon et habitans dudict Moncornet, les susdictes sommes. Faict audict Reims, devant midy, le vingt deuxiesme jour de mars, l'an mil cincq cent quatre vingtz et dix, pardevant nous, notaires royaulx audict Reims, soubz signetz. Et ont lesdicts sieur de Sainct Paul et Cocquillart signé ces présentes.

A. de Saint Paul,

E. Mothé, J. Charlier,

P. Coquillart.

Citation donnée à la requête de Claude Cauchon, et Nicole Forest, sa femme, à Jean Charlier, notaire, à l'effet de déposer en justice, contre la veuve du Maréchal de Saint-Paul.

10 juin 1598.

Le dixiesme jour du mois de juing mil Ve IIII** et dix huict, en vertu des lectres de commission données de nos seigneurs des requêtes du Palais à Paris, le VIIe may dernier passé, signé Lamerye et scellé, et à la requête de Claude Cauchon, escuier, seigneur de Neuflize et Unchair, et de damoiselle Nicolle Forest, sa femme, impectrans y desnommés. Je, huissier au Chastelet de Paris, soussigné, ay adjourné et donné assignation, à Me Jehan Charlier, notaire royal, demeurant audit Reims, parlant à Guillaume Charlier, son fils, à domicile, à comparoir pardevant Monsieur l'enquesteur pour le roy nostre sire audict Reims, commissaire en ceste partie, le vendredy douziesme jour dudict mois, au devant du grand portail et principalle entrée de l'Église Notre Dame dudict Reims, douze attendant une heure de rellevée, pour porter bon et loyal témoignage de vérité, en certaine cause meue et pendante pardevant lesdicts sieurs, d'entre lesdicts Cauchon et Forest, sa femme, allencontre de François Népoux, escuier, seigneur de Paymault, et de dame Gabrielle de Pavant *(sic)*, sa femme, auparavant veuve de feu Anthoine de Sainct Paul, tant en leurs noms, que comme tuteurs des enffans mineurs dudict deffunct et d'elle, et de Me Jehan Bignicourt, demeurant audict Reims, sauf son sallaire raisonnable à taxer ; faict présens les desnommés en mon original.

Signé : Pierlot.

Sommation à Me Guillaume Charlier, notaire, d'exhiber des contrats revêtus de la signature du Maréchal de Saint-Paul, dont Claude Cauchon conteste l'authenticité.

9 Juin 1606

Le neufiesme jour du mois de juing, mil six cens et six, à la requête de Claude Cauchon, escuyer, seigneur de Neufvelize et damoiselle Nicolle Forest, sa femme, et en vertu des lectres de comission, par eulx obtenus de messieurs des requêtes du Palais à Paris, et de l'ordonnance, fin d'une requête présentée sur icelle, à Monsieur le Bally de Vermandois, ou son lieutenant audit Reims, commissaire en ceste partye, par Boulon. Je, sergent royal, demeurant à Reims, soubzsigné, ay adjourné et donné assignation, à Me Guillaume Charlyer, notaire royal, filz de deffunct Me Jehan Charlyer, son père, parlant à sa personne, à estre et comparoir mardy prochain, pardevant monsieur le Bally de Vermandois, ou son lieutenant audict Reims, en la court et pallais royal dudict lyeu, dix heures du matin, pour représenter et faire registrer les minuttes dudict deffunct, son père, des années mil Ve IIII^{xx} et dix et onze, dedans lesquelles se trouvera quelques tiltres et contractz, passé par devant luy par deffunct le sieur de Sainct Paul, où est la signature dudict sieur. Et pour ce faire, je luy ay enjoinct de par le Roy, notre sire, à les chercher, le tout, sauf ses sallaires à taxer, et s'est pour estre procéddé à la vériffication de la signature d'icelluy sieur de Sainct Paul, par gens de pois et comparaison de lectres, le tout pour servir auxdicts impectrans, en la cause qu'ilz ont, allencontre de François de Népou, escuyer, sieur de Paymaut, et sa femme veuve auparant dudict deffunct, et consors en la qualité qu'ilz proceddent, pardevant lesdicts sieurs des requêtes, et en outre procedder comme de raison. Faict présens les desnommés en mon exploit.

Signé : Rouyer.

Ratification par la veuve du Maréchal de Saint-Paul, de divers actes relatifs au règlement des successions de Michel de Poisieu, seigneur de Pavant et d'Anne de Baudoche, ses père et mère.

2 Octobre 1598.

J. Charlier, notaire à Reims.

Par devant moy Jehan Charlier, notaire royal héréditaire ou bailliaige de Vermandois, demeurant à Reims, soubz signé, ès présences des tesmoings cy après nomez, fut présente en sa personne dame Gabriel de Poisieulx, femme de messire François de Népoux, seigneur de Payemault, et paravant vefve de feu messire Anthoine de Sainct Paul, demeurans à Prouilly, ledict sieur de Payemault présent, de luy autorisée pour faire et passer ce quy censuyt. Laquelle, de son bon gré et volonté, après que lecture luy a esté faicte, par moy, notaire susdict, es présences desdicts tesmoings cy après nommez et soubz signetz, de six contractz, tant de quictance, compte général, partage provisionnel, transportz, que bail à ferme, passez pardevant et signé Cadier et Donjat, notaires ou Chastellet de Paris, les vingt six et vingt septiesme jour de juillet, l'an mil cincq cens quatre vingtz et seize : le premier, entre messire Robert de la Viéville, chevalier, seigneur de Chalvet, conseillier du Roy en son Conseil d'Estat, lieutenant pour Sa Majesté au gouvernement de Rethellois, tant en son nom, à cause de dame Catherine d'O, son espouze, paravant vefve de feu Michel de Poisieulx, que comme tuteur et se faisant fort de Diane de Poisieulx, fille et héritière dudict deffunct sieur de Poisieulx, à présent femme du sieur baron de Courceriers *(sic)*, par lequel contract ledict sieur de Paymault, a recongnu et confessé, que par l'accord et compte qu'ilz ont faict ensemble ledict vingt septiesme juillet dudict an mil V[e] quatre vingtz et seize, il et sadicte femme esdits noms, sont demeurez reddevables, envers ledict sieur de la Viéville, de la somme de deux mil trois cens soixante quatre escus dix neuf solz six deniers ; pour luy fournir laquelle somme ledict sieur de Paymault a ceddé et transporté, audict sieur de la Viéville, la somme de neuf cens trente ung escus six solz, huict deniers tournois, à prendre sur le sieur de Beaulieu, sur plus grande somme qu'il luy doibt, et encores la somme de quatorze cens vingt deux escus, à quoy monte la moictié de ladicte dame Gabriel de Poisieulx, appartenant par la succession de deffuncte dame Anne de Bodoches, sa mère, du principal de sept cens unze livres quatre solz tournois de rente, deue par le sieur de Villemareuil, ce que ledict sieur de la Viéville a accepté, et auquel à ceste fin a esté faict et passé transport. Le second faisant mention dudict compte général, faict entre ledict sieur de la Viéville, ledict sieur de Paymault et messire Adrien du Drac, sieur de Beaulieu, le dict sieur de la Viéville, tant en son nom, que comme tuteur et soy faisant et portant fort de ladicte dame Diane de Poisieulx, et dudict sieur baron de Courcières son marit, ledict sieur de Paymault, comme marit et bail de ladicte dame Gabriel, paravant vefve, dudict deffunct sieur de Sainct Paul, et ledict sieur de Beaulieu, comme marit et bail de Isabeau de Poisieulx, lesdictes Gabriel, Isabeau et Diane de Poisieulx, filles et héritières de feu messire Michel de Poisieulx, vivant sieur de Pavant, faisant mention comme par ledict partage provisionel, tout bien carcullé et considéré entre eulx, ont accordé que ledict sieur de Paymault, audict sieur de la Viéville, la somme de sept mil quatre vingtz douze livres dix neuf solz six deniers tournois. Et ledict sieur de Beaulieu, encores audict sieur de la Viéville, la somme de quatorze cens trente deux livres dix neuf solz six deniers tournois, et ledict sieur de Paymault, audict sieur de Beaulieu, trois mil deux cens six livres treize solz quatre deniers, desquelles sommes lesdicts sieur de Paymault et de Beaulieu ont satisfaict ledict sieur de la Viéville, comme aussy a faict ledict sieur de Paymault, audict sieur de Beaulieu, de celle quy luy doibt, par aultre contract dudict vingt septiesme juillet dudict an mil cincq cens quatre vingtz et seize, signé desdits Cadier et Doujat. Le troisiesme portant partage provisionnel faict entre ledict sieur de la Viéville, ou nom et comme tuteur et se faisant fort de ladicte damoiselle Diane de Poisieulx, à présent femme de messire René du Plessis, baron de Courcières, par lesquelz, il promect faire ratiffier le contenu dudict partaige provisionnel, ledict sieur de Paymault, marit et bail de ladicte dame Gabriel, paravant vefve dudict sieur deffunct de Sainct Paul, et ledict du Drac, sieur de Beaulieu, à cause de Isabeau de Poisieulx, sa femme, lesdictes femmes, sœurs et héritières, dudict deffunct messire Michel de Poisieulx, par lequel est faicte mention que lesdicts sieurs de Paymault et de Beaulieu, et lesdictes Gabriel et Isabeau de Poisieulx joyront de la terre de Donnevoux, par moictié égallement, et ledict sieur baron de Courcières et ladicte dame de Poisieulx, son espouze, de quatre cens cincq escus, douze solz neuf deniers, des terres de Chercottes, Horry et Bussy, sans faire aucune solte l'une à l'aultre, et à la charge d'entretenir les lieux dont ilz jouiront, chacun en son regard, de menues réparations; et pour le regard des grosses réparations, seront faictes en commun; et encores à la charge de payer et continuer par lesdicts sieurs de Paymault, Beaulieu et leursdictes femmes, audict sieur de la Viéville, cinq cens livres tournois de rente, par eulx afférant payer des sept cens cinquante livres tournois de rente, deubz audict sieur de la Viéville, tant et sy longuement que ledict partaige provisionnel durera. Le quatriesme portant transport faict par ledict sieur de la Viéville, tant en son nom que à cause de ladicte dame d'O, son espouze, paravant vefve dudict feu messire Michel de Poisieulx, et aultres qualitez porté par ledict contract et transport, d'une part, et ledict sieur de Paymault, tant en son nom, à cause de ladicte dame Gabriel, sa femme, paravant vefve dudict feu sieur de Sainct Paul, et encore comme tuteur et curateur des enffans myneurs dudict deffunct sieur de Sainct Paul, et de ladicte dame Gabriel de Poisieulx, faisant mention que ledict sieur de Paymault a coddé et transporté, audict sieur de la Viéville, la somme de neuf cens trente cinq escus six solz huict deniers tournois, à prendre sur le sieur de Beaulieu, sur plus grande somme quy luy doibt; et encores la somme de quatorze cens vingt deux escus, à quoy monte la moictié, à ladicte dame Gabriel appartenant par la succession de ladicte feue dame de Bodoches, sa mère, du principal de sept cens unze livres quatre solz tournois de rente, deubz par le sieur de Villemareuil, ce que ledict sieur de la Viéville esdits noms a accepté. Le cinquième portant transport, faict par ledict sieur de Paymault, tant en son nom, que comme soy faisant fort de ladicte dame Gabriel de Poisieulx, sa femme, fille et héritière dudict deffunct Michel de Poisieulx, et dame Anne de Bodoches, jadis sa première femme, faisant mention que ledict sieur de Paymault, esdicts noms et qualitez porté par ledict contract, a ceddé et transporté, audict sieur de la Viéville, la somme de cent dix huict escus vingt-deux solz tournois de rente, montant en principal à quatorze cens vingt deux escus, faisant la moictié à ladicte dame de Paymault appartenant, advenue et escheue par la succession de ladicte dame de Bodoches, sa mère, de deux cens trente sept escus quatre solz de rente, deubz par ledict sieur de Villemareuil, dont les tiltres sont ès mains dudict sieur de la Viéville et sa femme. Le sixiesme contract faict mention du bail de la terre et seigneurie de Wartigny, que ledict sieur de la Viéville, tant en son nom que comme se faisant fort de dame Catherine d'O, son espouze, et auparavant vefve dudict feu messire Michel de Poisieux, vivant sieur dudit Pavant et dudict Wartigny, par lequel bail ledict sieur de la Viéville a recongnu et confessé avoir baillé et délaissé, audict tiltre de ferme et pris d'argent, et en joyr par ledict sieur de Paymault, tant et sy longuement que ladicte Catherine d'O, sera vivante, ledict bail faict moyennans, scavoir, tant et sy longuement que les troubles dureront entre Sa Majesté et le Roy d'Espaique, la somme de cincq cens trente trois escus ung tiers, et lorsque la paix sera faicte, ung an après icelle publiée, à la raison de sept cens neuf escus quatorze solz ung denier tournois par an, quy est le pris auquel ladicte terre a esté évaluée et baillé à ladicte dame, pour en joyr sur sondict douaire, ainsi qu'il est porté par le procès verbal de Monsieur Pastoureau, conseillier en la court de Parlement et par chascune année dudict viaige, payable icelles sommes, à deux termes, en l'an, par égalle portion, scavoir Noël et Sainct Jehan Baptiste, durant ledict viaige, le tout pour les causes et comme porté est plus amplement par lesdictz six contractz. Lesquelz ladicte dame Gabriel de Poisieulx, lecture à elle faicte d'iceulx, comme dict est, et en la présence et de la licence et auctorité à elle donnée par ledict sieur de Paymault, son marit, à ce présent, a iceulx six contractz, gréé, rattiffié, coroboré, confirmé, consenty et approuvé, et par ces présentes, les grée, ratiffie, corobore, confirme, consent, approuve et a pour agréable, ainsy qu'ilz sont faictz et escriptz, veult, consent et accorde qu'ilz ayent lieu et sortent effect, selon leur forme et teneur, tout ainsy que sy elle les avoit passé avec ledict sieur son marit — le tout, ce stypullant et acceptant, pour ledict sieur de la Viéville, par vénérable et discrette personne Me Thomas Bouchier, prêbtre, archidiacre de Champagne en l'église Notre Dame de Reims, à ce présent, soy portant fort et disant avoir charge dudict sieur de la Viéville. Faict audict Prouilly, après midy, le second jour d'octobre, l'an mil cincq cens quatre vingtz dix huict, pardevant moy notaire susdict, ès présences de Anthoine Lambert, mayeur, et Laurent Poictryne, greffier en la justice dudict Prouilly, ad ce appelez pour tesmoings, et ont lesdicts sieurs de Paymault et sa femme, Bouchier et tesmoings, signé ces présentes.

Signé : Paymault, Boucher, Gabrielle de Poisieux.

Anthoine Lambert.

L. Poictrinne.

J. Charlier.

Cession par les héritiers de Christophe Lefebvre, seigneur de Septvaux, à François de Népoux, seigneur de Peymault, de partie d'une rente constituée en 1575, par Michel de Poisieu, dit Cadorat, seigneur de Pavaut et Wartigny, au profit de Robert de la Viéville, chevalier de l'Ordre du Roi.

2 *Janvier 1601.*

Ponce Angier et Germain Brisset, notaires à Reims.

Noble homme, Me Jehan Bignicourt, receveur des décimes du diocèse de Reims, demeurant en cette ville, sur la paroisse Saint-Hilaire, au nom et comme procureur de : 1° Rémond de Lizy, écuyer, seigneur des Bovettes et de Pargny, époux de damoiselle Claude Lefebvre, demeurant à Allemant; 2° Jehan de Laval, conseiller du Roi, notre sire, et contrôleur général de ses finances en la généralité de Soissons, et damoiselle Barbe Lefebvre, sa femme, demeurant à Soissons, transporte à honoré seigneur François de Népoux, écuyer, seigneur de Peymault et Prouilly, gentilhomme ordinaire de la Maison du Roi, demeurant à Prouilly, acceptant par honorable homme Me Jehan Bergier, procureur au siège royal et présidial de Reims, la somme de 166 écus deux tiers d'écu soleil, de rente annuelle et perpétuelle que Mre Charles de Joyeuse, chevalier, seigneur d'Epaux et Montgobert, avait ci-devant baillée par échange à Christophe Lefebvre, écuyer, seigneur de Septvaux, lieutenant général au bailliage de Coucy, suivant contrat passé le 20 mars 1595 ; lesdits 166 écus deux tiers d'écu restant à racheter de 1760 livres de rente que Mre Robert de la Viéville, chevalier de l'Ordre du Roi, avait cédées avec d'autres rentes, au sieur d'Epaux, en échange de la terre de Sy, par contrat rédigé devant de Goust et Lybault, notaires au Châtelet de Paris, le 12 janvier 1587 ; lesquelles 1750 livres de rente avaient été constituées au sieur de la Viéville, par « Mre Michel de Poisieulx, dict Capdorat, chevalier, seigneur de Pavant et de Wartigny » par acte de Pierre Parcel, notaire à Charly-sur-Marne, en date du 12 novembre 1575 ; lesdits 166 écus deux tiers d'écu de rente donnés en mariage aux damoiselles Claude et Barbe Lefebvre, par le sieur de Septvaux, leur père.

Le transport dont il s'agit, a eu lieu moyennant la somme principale de deux mille écus soleil.

Testament de Charlotte de Brouilly, fille du Maréchal de Saint-Paul.

4 mai 1653

Gosset et Delaclef, notaires à Soissons

In nomine Domini. Amen.

Fut présente en sa personne haulte et puissante dame, dame Charlotte de Saint-Paul, femme et espouze de hault et puissant seigneur Messire Charles de Brouilly, chevallier, seigneur baron de Bazoches, Villers le Hélon et autres lieux, demeurante à Soissons, laquelle estante au lict malade, néanmoings saine d'esprit et d'entendement, comme est apparu, par l'inspection de sa personne, considérant qu'il n'est rien plus certain que la mort et rien plus incertain que l'heure d'icelle, ne voullant mourir intestat, ains comme bonne crestienne et catholique, a voulu faire son testament et ordonnance de dernière vollonté, en la forme et manière qui ensuit :

Premièrement, a recommandé et recommande son âme à Dieu, à la glorieuse Vierge Marye, Monsieur Saint Michel ange archange, Monsieur Saint Pierre et Saint Paul et à toutte la cour céleste de Paradis.

Item veult et ordonne touttes ses debtes estre payés et acquittés le plutost que faire ce pourra.

Item veult son corps, l'âme séparée d'icelluy, estre porté et inhumé en l'église dudit Villers le Hélon, en la chapelle de la Vierge, proche la sépulture de feue Madame sa mère, désirant que sondit corps soit inhumé sans aucune pompe, ny assemblée grande.

Item veult et ordonne qu'il soit donné et aulmosné à toutes les pauvres personnes des lieux circonvoisins dudict Villers le Hélon, qui se trouveront audict convoi, chacun vingt solz tournois.

Item veult et ordonne qu'il soit rabillé douze pauvres des plus vieux et nécessiteux de la paroisse et lieux voisins, lesquelz pauvres porteront chacun un sierge à son convoy, et leur sera donné et distribué à chacun soixante solz d'aulmosne.

Item veult et ordonne pour son luminaire, deux douzaines de torches et douze sierges entre ceux des pauvres.

Item veult et ordonne, si tost son decedz advenu, qu'il soit dit et célébré le nombre de mil messes basses, assavoir: cinq cens en l'église des Pères Capucins de ceste ville de Soissons, deux cens en l'église des Pères Minimes, deux cens en l'église des Pères Cordeliers et cent en l'église des Pères Feuillantz, lesquelles messes seront célébrées esdites églises, dès ledict jour de son decedz et continué sans discontinuation. Pourquoy ladicte dame veult et entend qu'il leur soit donné et distribué la somme de cinq cens livres, qui est pour chacune messe, dix solz tournois.

Item veult et ordonne que ses services et funérailles soient faicts et célébrés en la manière accoustumé par trois jours consécutifs, en l'église dudit Villers le Hélon, où il y ait dix à douze prestres appelez et plus s'il se peult.

Item veult et ordonne qu'il soit dit et célébré, en ladicte chappelle de la Vierge, où elle sera enteré, une messe basse par chacun jour et pendant une année, à commencer du jour de son decedz. Pourquoy elle veult qu'il soit payé par son exécuteur, la somme de cent cinquante livres tournois, et ce à telle personne d'église que ledict exécuteur trouvera bon et choisira à propos, pour le repos de son âme.

Item veult et entend de donné et légué à l'église et fabrique dudict Villers le Hélon, la somme de douze livres tournois de rente, à la charge que les marguillers seront tenus de faire dire et célébrer, par chacun an, ung obit solempnel en ladite église, le jour de son decedz, à diacre, sous-diacre et choriste, pour le repos de son âme, et ce à tousiours perpétuellement, et de paier le droict ordinaire des gens d'église qui célébreront ledit obit et aultres fraiz accoustumés.

Item donne et lègue à l'église et couvent de Nostre-Dame de Saint Lazare, proche la Ferté-Milon, la somme de cent livres tournois de rente annuelle et perpétuelle, à prendre et percevoir, pour chacun an, sur tous et ungs chacuns ses biens meubles et immeubles présens et advenir, en quelques lieux et place qu'ils soient scituez et assis, ou au choix de ses héritiers d'indicquer biens, pour la valleur du fondz de ladite rente, à la charge d'estre dict, en ladite église, deux basses messes de *Requiem* par chacune sepmaine, à l'heure de dix heures du matin, et ce pour touttes les âmes qui sont trespassés en ces jours, et pour quy l'on ne faict poinct de prière, lesquelles messes seront dictes et célébrées à perpétuité, tous les mercredy et sabmedy s'il se peult, ou autres jours.

Et pour deuement accomplir le présent testament, ladite dame testatrisse a esleu et eslict pour exécuteur, la personne de Mr François de Brouilly, son filz, chevallier, seigneur, marquis de Wartigny et aultres lieux, auquel elle a submis et submect tous et ungs chacune ses biens, jusques à l'entier accomplissement dudict présent testament, qui a esté ainsy dict et nommé, par ladicte dame testatrice, et à elle leu et releu, mot après autre, par l'un des notaires soubz signés, l'autre présent, et sans aucune subjection, ni induction de personne ;

laquelle a déclaré et dict l'avoir bien entendu et estre son ordonnance de dernière vollonté, veult et entend qu'il sorte son plain et entier effect, de poinct en poinct, force et vertu, révoquant, à ceste fin, tous aultres codicilles et testamens par elle cy devant faictz.

Ce fut faict et passé en la chambre où ladite dame testatrisse est au lict malade, en la présence de nous, notaires soubzsignez, résidens à Soissons, le quatriesme jour de may mil six cens cinquante trois, environ l'heure de six à sept heures de relevée, et a signé.

Signé : C. de Saint-Paul.
Delaclef et Gosset.

III.

Donation par la veuve du Maréchal de Saint-Paul à ses enfants.

27 Avril 1637

Gabrielle de Poisieu, veuve de Mre François de Népoux, chevalier, seigneur de Peymault, auparavant veuve de Mre Antoine de Saint-Paul, Maréchal de France, dame de Prouilly, Lor, Sapigneul, Bucy, Houry, Wartigny, Sormonne, Rouvroy, Sécheval, le Gué d'Hossus, et le Bourg-Fidèle en partie, demeurant à Prouilly, « à cause de son viel âge » donne tous ses biens, à ses deux filles qui sont : 1° Charlotte de Saint-Paul, épouse de Mre Charles de Brouilly, chevalier, seigneur baron de Bazoches et de Villers-le-Héron ; 2° Renée de Saint-Paul, épousé de Mre Léonor de Rabutin, chevalier, seigneur de Selles et Champigny, auparavant veuve de Mre Jacques de Montbeton, seigneur de Selles, gouverneur de Rethel. (Archives de la ville de Reims, registre des insinuations pour 1635-1636, p. 207.)

IV.

ARCHIVES DE L'ÉTAT CIVIL DE LA COMMUNE DE VILLERS-HÉLON (AISNE)

Inhumation de Charlotte de Saint-Paul, épouse de Charles de Brouilly.

Le dixiesme may mil six cens cinquante trois, est décédée à Soissons, haulte et puissante dame Charlotte de St Paul, épouse de hault et puissant seigneur Mre Charles de Broully, chevalier, baron de Bazoche et de Courtoismont, vicomte de Villers Héron, marquis de Wartigny et autres lieux, laquelle a esté inhumée dans le caveau des seigneurs, en la chapelle de la Vierge de cette paroisse, le lendemain onziesme, par moy curé soubsigné. *Signé :* Cergent.

Inhumation de Gabriel de Poisieulx, veuve du Maréchal de Saint-Paul.

Le * mil six cens quarante, fut inhumé, par Mre Antoine d'Hervilly, prestre, curé de cette paroisse, dans ledit caveau, haulte et puissante dame Gabriel de Poisieux, vesve de hault et puissant seigneur, Messire Antoine de St Paul, mareschal de France, lieutenant général au gouvernement de Champagne, Rethélois et Brye, gouverneur de Reims, Vitry, Mézières et autres places, laquelle décéda à Soissons, le desdits mois et an ; et ledit seigneur Mareschal à Reims, le vingt-cinq avril mil cinq cens quatre vingt quatorze. Son corps est enterré en la chapelle St Éloy de l'église paroissialle de Nostre-Dame de Mézières, et son cœur à Reims, en la chapelle de en l'église des Jacobins, dits prescheurs. Lesdits seigneur Mareschal de St Paul et Dame de Poisieux, perre et merre de lad[e] Dame de St Paul, desquelles inhumation j'ai est requis faire icy mention par Monsieur le Marquis de Wartigny, son fils et seigneur de ce lieu.

Décès de Charles de Brouilly

Le vingt cinquiesme décembre, jour de Noël, mil six cens cinquante quatre, est décédé en son chasteau de Villers Héron, haut et puissant seigneur messire Charles de Broully, chevalier, baron de Bazoche et de Courtoismont, viconte de Villers Héron, marquis de Wartigny et autres lieux, lequel a esté inhumé dans le caveau des seigneurs, en la chapelle de la Vierge de cette paroisse, le vingt septiesme dud[t] mois et an, par moy soubsigné, curé. *Signé :* Cergent.

V.

Procédure en retrait lignager concernant la famille d'Arras (Archives judiciaires de Reims, fonds non classé).

Extrait du procès sur appointement en droit.

Entre Messire Jean Louis d'Arras, seigneur d'Haudrecy, Prouilly, Mondigny, le Châtelet, Vicomte de Prouilly, Brigadier des armées du Roy, Lieutenant Colonel au régiment de Condé-Infanterie, Chevalier de l'Ordre Royal et Militaire de Saint-Louis, demeurant en son château d'Audrecy, demandeur en retrait lignager.

Contre le sieur Maurille Allart, officier chez le Roy, demeurant à Reims.

Et encore entre le même sieur Jean Louis d'Arras, chevalier, seigneur d'Haudrecy, tuteur de Messire Remy Pierre Gabriel Xavier d'Arras, son fils, né de son mariage avec dame Marie Thérèse de Brilhac, aussi audit nom, demandeur en retrait.

Contre le même sieur Allart, officier chez le Roy et marchand à Reims, défendeur.

Le demandeur veut que le défendeur soit condamné lui abandonner, par bénéfice de retrait lignager, les parts et portions acquises par iceluy défendeur, du sieur Eustache des Fossés, dans la haute, moyenne et basse justice, droits seigneuriaux, lods et ventes, et toutes ses parts dans les autres droits, que son vendeur lui a transmis par le contrat de vente.....en remboursant audit sieur Allart, le prix principal de son acquisition, 10314 livres et 3425 livres pour les loyaux coûts, droits et frais.....en conséquence condamner ledit sieur Allart, de lui abandonner par bénéfice de retrait lignager, les biens et parts de seigneurie, qu'il a acquis depuis peu, des sieurs et damoiselles des Fossés, dans les terres et seigneurie de Bussy, Houry, Prouilly et Rimogne, savoir leurs parts et portions dans les biens, terres et seigneurie de Prouilly, consistans en terres, prez, marais, vignes et bois, droits de justice, droits seigneuriaux, lods et ventes et vètures; la terre et seigneurie de Rimogne, consistante en droits seigneuriaux, cens, bourgeoisie, amendes, rouage, avec la mouvance de l'ancien fief possédé par Jean Larichault, autres droits de terrage et cens, ce qui leur appartenoit dans l'ardoisiére dudit Rimogne et du Châtelet, dans l'étang de Rozeneut, contenant en tout cinq arpens, y compris les chaussées, les parts qui leur compétoient dans le moulin de Rimogne, consistant en bâtiment, moulage, jardins, cours et retenue d'eau, de ce qui est situé à Bussy et Houry consistant en droits seigneuriaux, terres et préz...

Les conclusions du sieur Maurille Allart, tendent à débouter le sieur d'Haudrecy desdites demandes en retrait.

Le 7 juillet 1757, le sieur d'Haudrecy a sommé ledit sieur Allart, de luy céder, par retrait lignager, ce qu'il a acquis du sieur Eustache des Fossés, de la terre et seigneurie de Prouilly, par contrat devant le Clerc, notaire à Prouilly, le 10 juillet 1756, lesquelles parts étoient échus audit des Fossés, par la succession de dame Marie Thérése d'Arras, sa mère, sœur de messire Acham d'Arras, chevalier, seigneur d'Haudrecy, père dudit sieur Jean Louis d'Arras, à laquelle dame le tout était échu, par le partage fait entre elle et ses cohéritiers en la succession de Messire Jean d'Arras, son père, et par le décès de Messire Eustache Anne des Fossés, frère audit Eustache des Fossés, ledit sieur Jean Louis d'Arras, étant habil audit retrait, comme cousin germain audit Louis des Fossés.

Le 17 février 1758 le sieur d'Handrecy dit, par ses moyens, qu'il faut nécessairement que le sieur des Fossés soit descendu d'une d'Arras, pour avoir eu part à la terre de Prouilly qui est encore indivise entre les descendants d'Acham d'Arras, premier du nom, qui a eu pour enfant Jean d'Arras, lequel, de son mariage avec Marie Thérése de Noel, a eu pour enfant le sieur d'Arras de Lor, Acham d'Arras, père du sieur retrayant, et Marie Thérèse *des Fossés (sic)* (pour d'Arras) épouse du sieur Eustache des Fossés, qui a vendu une part qui lui est échu, par sa mère, en la seigneurie de Prouilly, au sieur Allart ; que la preuve de cette généalogie résulte 1° d'un contrat de mariage du 3 mars 1642, reçu par Cloquet et Rogier, notaires à Reims, d'entre Messire Acham d'Arras, chevalier, seigneur d'Haudrecy, et demoiselle Charlotte de Montbetton, fille de Messire Jacques de Montbetton, et dame Renée de Saint Paoul, qu'il résulte de ce contrat que Acham d'Arras est fils de Robert d'Arras seigneur d'Audrecy, et de Françoise de Nespoux ; 2° qu'il résulte d'un autre contrat de mariage, d'entre Messire Jean d'Arras, et Marie Thérése de Noël, reçu par Sauviger, notaire à Rocroy (la date n'y est pas exprimée) que ledit sieur Jean d'Arras, est fils d'Acham d'Arras, et de Charlotte de Montbetton ; 3° que par un extrait baptistaire des registres de Rocroy, du

24 novembre 1660, d'Acham d'Arras, second du nom, il résulte qu'il est fils de Jean d'Arras et de Marie Thérése de Noël; 4° enfin que, par le contrat de mariage dudit Acham d'Arras, avec Marguerite Maréchal, en date du 8 février 1695, on trouve la preuve que Acham d'Arras est fils de Jean d'Arras, seigneur de Prouilly, Châtelet Rimogne, Vicomte de Montigny, et de dame Marie Thérèse de Noël, qui demeuroit lors à Prouilly, et que la terre de Prouilly étoit dans la famille d'Arras; 5° que par l'extrait du baptistaire du sieur Jean Louis d'Arras, retrayant, il est annoncé fils de Acham d'Arras et de dame Marguerite Maréchal, et comme la terre de Prouilly étoit en possession du sieur Jean d'Arras, il s'ensuit que le sieur Eustache des Fossés, seigneur de Joagues, n'y avoit part, que comme descendu de Marie Thérése d'Arras, fille née le 13 février 1698, du sieur Jean d'Arras, seigneur de Lor et de Prouilly, et de dame Marie Thérèse Noël. Pourquoy le retrait ne peut faire difficulté.

Le contrat d'acquisition faite par le sieur Allart, de plusieurs biens et seigneurie, tant à Prouilly, Rimogne et ailleurs, passé devant notaires à Evreux, le 26 juillet 1757, moyennant 10314 livres, de Messire Eustache des Fossés, en son nom et en celui de Messire Charles Henry des Fossés, son frère cadet, par procuration devant le chancellier du Consulat de France à Cadix. Le sieur Allart s'étoit fait transporter, de Reims audit Evreux, en chaise de poste.

Le 7 mars 1759, le sieur d'Haudrecy, produit des pièces, entre autres un partage fait entre tous les enfants de Jean d'Arras et de Marie Thérèse de Noël, en date du 11 avril 1718, de la succession d'Acham d'Arras, leur ayeul, et desdits Jean d'Arras et Marie Thérèse de Noël. Extrait de baptême de Marie Thérèse d'Arras, fille de Jean d'Arras et Marie Thérèse de Noël, du 15 février 1698, et l'extrait de mariage du 25 octobre 1718, de ladite Marie Thérèse d'Arras, avec Messire Eustache des Fossés.

Contrat de mariage du 16 février 1670, de Jean d'Arras, fils d'Acham d'Arras et Charlotte de Montbetton, avec Marie Thérèse de Noël, ledit Jean d'Arras, frère de Robert d'Arras. Contrat de mariage du 8 février 1695, d'Acham d'Arras, fils de Jean avec Marguerite Maréchal. Extrait baptistaire de Jean Louis d'Arras, fils dudit Acham et de ladite Marie Marguerite Maréchal, en date du 25 février 1696. Extrait baptistaire du 7 mars 1755, du fils de Jean Louis d'Arras d'Audrecy et de Marie Thérèse de Brilhac.

30 août 1642, partage entre le sieur Jean de Rabutin, à cause de Françoise de Montbetton, sa femme, et le sieur Acham d'Arras, à cause de Charlotte de Montbetton, sa femme, des successions de Jacques de Montbetton, et dame Renée de Saint Paul, leurs père et mère, par lequel partage Acham d'Arras d'Audrecy, premier du nom, a eu les terres et seigneurie de Prouilly et vicomté de Montigny, la terre et seigneurie de Lor, les terres et seigneurie de Sapigneul, Bussy et Houry et tout ce qui en dépend. Partage du 11 avril 1718, de la succession de Jean d'Arras, seigneur de Lor, et de Marie Thérèse de Noël, entre tous leurs enfants.

Extrait baptistaire (25 février 1698) d'une fille de messire Jean d'Arras, et de Marie Thérèse de Noël, à laquelle on a imposé le nom de Marie; Charles et Nicolle d'Arras, frère et sœur ont été parrain et marraine. Extrait de mariage de ladite Marie Thérèse d'Arras, avec messire Eustache des Fossés, chevalier, seigneur de Jouagues, du 25 octobre 1718. Donation du 30 décembre 1740, par Remy d'Arras de Lor, seigneur en partie de Prouilly, à Eustache, Marie Françoise, Charles Henry, et Eustache Anne des Fossés, ses neveux et nièces, enfants de messire Eustache des Fossés, et de Marie Thérèse d'Arras, vivante leur père et mère. Contrat du 30 décembre 1740, reçu par Carré et Caze, notaires royaulx à Cormicy, par lequel Remy d'Arras de Lor, seigneur en partie de Prouilly, donne à s[rs] et dam[les] Eustache Marie Françoise, Charles Henry et Eustache Anne des Fossés, enfants de messire Eustache des Fossés et de Marie Thérèse d'Arras, ses parts et portions dans la seigneurie de Prouilly, Bucy, Pierrepont, Houry et Rimogne, pour en disposer, après son décès et celui de messire Robert d'Arras, son frère.

Par contrat du 10 juillet 1756, reçu par Leclerc, notaire royal à Prouilly, Marie Françoise des Fossés, fondée de procuration de messire Eustache des Fossés, chevalier, seigneur de Prouilly, capitaine des chasses du comté d'Évreux, vend au sieur Maurille Allart, officier chez le Roy, une pièce de vigne et terres en rotures sises à Prouilly.

Le 26 juillet 1757, messire Eustache des Fossés, par contrat passé à Évreux, en son nom et celui de messire Charles Henry des Fossés, son frère, vend audit sieur Allart, la moitié dans la totalité de tous les fiefs, seigneuries et biens fonds, tant nobles que rotures, etc.

Sachent tous qu'en jugement du Palais Royal de Reims, par nous J. Béguin, Lieutenant général, le 10 février 1688, en la cause d'entre messire Jean d'Arras, chevalier, seigneur de Lor, Prouilly, demeurant audit Prouilly, comparant par messire Jean Baptiste Bergier, et messire Louis de Rabutin, chevalier, comte de Rabutin, demeurant à Vienne en Autriche, messire Guillaume de Rabutin, chevalier, seigneur de Selle, major au régiment de Bigorre, messire Jean Louis de Rabutin, chevalier, seigneur du Dery, capitaine au régiment d'Anjou, et demoiselles Charlotte et Gabrielle de Rabutin, tous enfants de feu messire Jean de Rabutin et de dame Françoise de Montbetton.

Le demandeur conclue qu'en conséquence de notre

sentence, du procès verbal de saisie réelle, faite à sa requête, de la part de la terre et seigneurie de Vonc, appartenant aux défendeurs, il sera passé outre au décret de ladite part.

Nous avons donné défaut contre les défendeurs.

1686, 22 décembre, assignation aux sieurs Guillaume et Louis de Rabutin, étant en leur château audit Selle.

Reims, le 3 janvier 1760 (Lettre du sieur Maurille Allart).

Le sieur Remy d'Arras de Lor de Prouilly est mort en septembre 1759. Ledit sieur Allart à consulté les plus célèbres avocats, messieurs Mallart et Babille, Blavier et Ruinard (ce dernier résident à Paris).

Testament de Madeleine d'Aguerre, femme de Charles de Coutes, seigneur de Pavant.

22 septembre 1545

J. Angier et N. Dehuz, notaires à Reims.

Comparut en sa personne honnorée damoiselle Madamoiselle Magdelayne Daguerre, femme de honnoré seigneur Charles de Coustes, seigneur de Pavant, estant malade, en la maison abbaciale Monsieur Sainct Remy de Reims, ayant bon sens, mémoire et sain entendement, bien parlant et entendant, pensant et considérant aux choses souveraines, non voulant devyer ne deceder de ce mortel monde intestate, mais désirant, de tout son cueur, pourveoir et remédier au salut et remède de son âme. A ceste cause, a fait son testement et ordonnance de dernière volonté, en la forme et manière que cy après sera escript, en cassant et adnullant les autres testamens, qu'elle pouroit avoir faiz, le temps passé, voulant et espréssément cestui présent avoir lieu, et sortir son plain et entier effect, en toutes manières que testamens de trespassez tenir et valloir se doyvent, tant de droit que de coustume.

Premier ladite damoiselle testateresse a recommandé et recommande son âme à Dieu, le créateur, à la glorieuse Vierge Marie et à tous les benoitz sainctz et sainctes de Paradis.

Item veult son corps, apres son trespas, estre inhumé et sépulturé en l'Eglise de Vianne, en la chappelle Nostre-Dame, et que sondit corps y soit porté. Et quant à ses services, obsèques, prières et oraisons pour son âme, elle s'en rapporte à la bonne discrétion de sondit maryt, et de ses père et mère, lesquelz elle prye en faire leur devoir.

Item ladite damoiselle testateresse a laissé et laisse, à Madamoiselle de Beauvais, sa seur, la somme de mil livres tournoiz, à prendre sur les trois mil livres tournoiz que ledit sieur de Pavant a receu d'elle.

A Thoinette la Bastarde, l'une des damoiselles de ladite testateresse, la somme de quatre cens livres tournoys, et à Robert, Bastard de Pavant (1), la somme de cinquante escus à prendre sur lesdites trois mil livres.

Item a laissé et laisse à Loise, sa fille de chambre, la somme de soixante livres tournoiz, à prendre sur les six vingtz escus qui sont deubz à ladite damoiselle testateresse, par quelque personnaige que cest bien Madame de Vianne, sa mère.

Item a oultre laissé, à Jehanne Bocquette, aussi sa chambrière, et à Blaise, le cuysenier, à chacun d'eulz,

(1) La filiation irrégulière de Robert de Coutes a été ignorée du comte Oscar de Poli, attendu qu'il n'y fait pas allusion dans son excellent travail. Nos découvertes viennent de l'établir avec certitude, alors que pouvait la faire présumer l'existence de *la barre* que Robert de Coutes fait brocher sur *le lion*, principale pièce des armoiries de sa famille.

vingtz livres tournoiz, à prendre sur lesdits six vingtz escus.

A une autre sienne chambrière nommée Catherine, la somme de dix livres, à prendre sur lesdits six vingtz escus.

A Messire Jacques, chappelain de Pavant, et Messire Vincent, chappelain de la maison et hostel de ladite damoiselle, à chacun deulx, dix livres tournoiz, pour convertir et employer en prières et oraisons, pour l'âme de ladite testateresse, à la discrétion et vouloir desdits messires Jaques et Vincent, auxquelz elle recommande son âme.

A la seur d'un nommé Le Busque, vingt deux livres dix solz tournoiz.

Item ladite damoiselle a laissé et laisse, à l'Eglise de Vianne, la somme de cent livres tournoiz, avec une robe de satin cramoisy, pour convertir à faire aournemens pour ladite église.

Item à l'Eglise de Pavant, une robe de velour cramoisy brun, aussi pour convertir à aournemens, pour icelle église, avec la somme de cinquante livres tournoizs, à prendre lesdites sommes de cent livres tournoiz et cinquante livres tournoiz pour lesdites églises, sur ladite somme de trois mil livres tournoiz.

Item ladite testateresse entend et veult que le pardessus desdits six vingtz escus, après ce qu'elle a ordonné cy dessous, soit pris, demeure et appartienne à celle qui les doit, à laquelle elle a laissé et laisse ledit pardessus, pour certaines causes ad ce la mouvante.

Item ladite damoiselle testateresse prie et requiert, à Monsieur le Baron de Vianne, son père, et à Madame de Vianne, sa mère, que leur bon plaisir soit vouloir, à l'intencion d'elle, fonder pour le remède de son âme, de ses parens et amis, tant trespassez que vivans, par chacune sepmaine, deux basses messes, l'une de Nostre Dame, et l'autre des trespassez, et par chacun an, à tel jour qu'elle décédera, une haulte messe et recommandise.

Item veult qu'il soit employé jusques à six ou sept escus, en prières et oraisons, pour l'âme de feu Bernard, en son vivant escuyer de Monseigneur le cardinal de Lenoncourt, en récompensse du confessionnal qu'il a baillé à ladite damoiselle.

Item et pour accomplir et mectre à exécution deue ce présent testament, de point en point, selon sa forme et teneur, ladite damoiselle testateresse a nommé et esleu, pour exécuteurs d'icellui, ledit seigneur baron, son père, et ledit seigneur de Pavant, son maryt, ausquelz et à chacun d'eulx, elle a donné pouvoir et auctorité d'icelluy accomplir, et soubz mectant du tout, en leurs mains, tous ses biens quelzconques, jusques à plain accomplissement d'icelluy; touttefoys elle n'entend que ledict seigneur de Pavant y fasse aucuns fraiz, que ce qu'elle a ordonné cy dessus estre pris sur lesdits trois mil livres tournoys. Ce fut fait et passé audit Reims, le vingt deuxiesme jour de septembre, l'an mil V^{e} quarante et cinq, pardevant nous, notaires royaulx en Vermandois, soubsignez.

Signé : N. de Huz et J. Angier.

Bail par Charles de Coutes, seigneur de Pavant, du droit de Pêche de l'Étang de la Fourcière, ainsi que de certains droits seigneuriaux dépendant de Wartigny et autres localités voisines.

5 Avril 1554.

J. Angier et N. Dehuz, notaires à Reims.

Comparut honnouré seigneur Charles de Coustes, seigneur de Pavant, Proully, Lor, Amy, Condé, Wartigny, Rouveroy, Sormonne, Septchevoy, Dannevoux, Charcot, Sainct Siméon, du Grant Port Baudouyn, gentilhomme ordinaire de la chambre du Roy, nostre sire, lieutenant de cent lances des ordonnances dudict seigneur Roy, soubz la charge de Monseigneur le mareschal de Brissac. Et recongnut avoir baillé à ferme et admodiation, à honourable homme Pierre Cabryart, marchant, demeurant à Reims, présent preneur audit tiltre, le droit de pesche de la fourcière, ou estang par ledict seigneur naguères acquesté, prez, reddevances en deniers, avec toutes les amendes, tant ordinaires que extraordinaires desdits lieux de Wartigny, Sourmonne, Rouveroy, Sescheval, Honchamp, Basigny, Les Masures, Charoué, avec aussi les droiz seigneuriaulx qui audict seigneur bailleur appartiennent, ès lieux de Renwez, Montcornet lez Ardanne à Deville, appartenances et appendances d'icelles, et généralement tous les autres droiz, que audict seigneur compecte et appartient esdits lieux, sans toucher toutelfoys ès coppes de boys, confiscations, droiz de quintz, requintz, droiz de reliefz et autres droiz, réservez par autre bail que ledit Cabryart a d'icelluy seigneur. Pour en joyr par ledict preneur, du jour d'huy et jusques au jour Saint Remy d'octobre de l'an mil V^e cinquante et six, à la charge et moyennant ce que ledict preneur sera tenu, et a promis en rendre et payer, audict seigneur bailleur, ou au porteur, la somme de trois cens quatre vingtz livres tournoiz, assavoir, moictié au jour de Noël prochain venant, et l'autre moictié au jour Sainct Remy d'octobre ensuivant, sans toucher ni innover à la reddevance que ledit Cabryart doyt audit seigneur, et devra par autre bail qu'il a de luy desdictes terres et seigneuries. Et le cas advenant qu'il survienne guerre esdits lieux, en sorte que ledit preneur ne puisse joyr desdits droiz, en ce cas mondit seigneur a promis luy en faire telle modération, qu'il se trouvera estre à faire par raison, excepté toutesfoys que s'il a fait recepte de grains, deniers et revenuz, il ne luy sera faicte aucune diminution, soient lesdits grains, deniers et revenuz saquagez, et pris par les amys ou ennemys, ou autrement perduz, après lesdictes receptes faictes.

Fait le cinquiesme jour d'avril, l'an mil V^{e} cinquante et quatre, avant Pasques, pardevant nous notaires royaulx.

Signé : N. de Huz et J. Angier.

Procuration par Charles de Coutes pour gérer ses biens

5 Avril 1555.

Angier, notaire à Reims.

Honoré seigneur « Charles de Coustes, s^{r} de Pavant, Proully, Lor, Amy, Condé, Wartigny, Rouveroy, Sormonne, Septchevau, Dannevoux, Charcot, St Siméon, du Grand Port Baudouyn, gentilhomme ordinaire de la Chambre du Roy, nostre sire, lieutenant de cent lances des ordonnances du Roy, nostredict sire, sous la charge de Mgr de Brissac, mareschal de France », constitue pour son procureur

Pierre Cabryart, marchand, demeurant à Reims,

A l'effet de bailler à ferme les revenuz, fruictz et prouffictz des terres et seigneuries dudict Wartigny, Sormonne, Rouveroy, Septchaulx, Honchamp, Bassigny, les Masures, Charoué, avec aussi les droiz seigneuriaulx que ledit seigneur a droit de prendre ès seigneuries de Renwez, Montcornet lez Ardanne et à Deville, consistans en cens, rentes, surcens, mairye, censes, prairies, estangs, fourcières, droit de pesche, droit de terraige, molins, coulombiers, corvées et tous les autres droits audit seigneur appartenans esdits lieux, avec chauffaige, maisonnaiges, et édiffices y estans, droit d'usage de prendre boys pour le droit de bastissage et chauffaige seulement » pour une durée de six ans et au dessous, à compter du jour St Remy d'octobre de 1556.

« Moyennant tel prix, somme de deniers et autre redevance, tant en grains, chappons, poulles que autres choses, que bon semblera audit procureur. »

« Pourveoir de justice, lesdits lieux, y commettre mayeurs, procureurs, sergents et autres officiers, continuer ceux qui y sont, si bon semble audit procureur et les destituer, si mestier est. »

Echange par Charles de Coutes, et sa femme, de leur part dans la terre de Vandy, contre la seigneurie de Semuy.

18 avril 1558

J. Angier et Vauronart, notaires à Reims.

Furent présens en personnes honnorez seigneur Charles de Coustes, seigneur de Pavant et dame Magdelaine des Guerres *(sic)*, sa femme, demeurans audict Pavant, d'une part, et Jehan d'Aspremont, seigneur de Vendy, et damoiselle Jehanne de Sugny, sa femme, demeurans audict Vendy, d'autre part, lesdictes femmes licentiées. Et recongnurent les parties avoir fait entre elles les eschanges et permutations des seigneuries quy ensuivent : c'est assavoir lesdits de Coustes et damoiselle Magdelaine Daguerre, sa femme, avoir donné auxdicts d'Aspremont et sa femme, la cinquiesme partie par indivis, les cinq pars faisans le tout, de la terre et seigneurie de Vendy, consistant en maison, terres, prez, vignes, cens, rentes, surcens et tous autres droitcz quelconques, tant en fief comme en roture, sans aucune chose réserver ni retenir, fors et excepté touttefois le cinquiesme des bois de ladicte seigneurie, et une petite rivière au dessubz de Condé, appellé la petite rivière, laquelle cinquiesme partie de boys et rivière ledict sieur de Pavant a retenu et réservé, aussy en toute justice, haulte moyenne et basse, pour d'iceulx boys et rivière en joyr, user et possesser par lesdits de Pavant et

dame Magdelaine, sa femme, comme ils ont accoustume faire auparavant le présent eschange. Et pour et au lieu de ce, ledict seigneur de Vendy et damoiselle Jehanne de Sugny, sa femme, ont donné, ceddé, et transporté, auxdicts sieur de Pavant et dame Magdelaine Daguerre, sa femme, la terre et seigneurie de Semid, appartenances et dépendances d'icelle, consistant aussy en maison, terres, prez, carrière, cens, rentes, surcens, pressoirs, molin à papier, et tous autres droictz et charges deppendans d'elle, excepté le molin à eaue appelé communément le molin de Warou, lequel est bannal aux habitans dudict Semid, que lesdicts seigneur de Vendy et damoiselle sa femme ont tenu et réservé à eulx pour en joyr, et à la haulte justice, moyenne et basse, comme ilz ont accoustume et de leur propre chose, ladicte terre et seigneurie mouvant en plain fief dudit conte de Rethéloys, à cause de son chastel d'Omont. Lesdicts seigneur d'Aspremont et sa femme ont aussy donné et transporté, auxdicts de Coustes et sa femme, la rivière de Vonc, comme elle se comporte, appellée communément la rivière de
et audict d'Aspremont appartenant, et à luy venu et eschu par le trespas de s^r de Bohan, en son vivant escuyer, seigneur dudict Vonc. son grand père, pour desdites seigneuries et deppendances d'icelles, hormis lesdites réservations, joyr et user, faire et disposer par lesdictes parties, leurs successeurs et ayans cause, comme de leur propre chose, dès maintenant et à tousiours, lesdictes terres et seigneuries mouvans en plein fief de monseigneur le duc de Nyvernois et de Rethellois, à cause de son chastel d'Omont, quictes et deschargées de toutes charges, servitudes, dons, doaires, et ypothèques quelconques. Fait le dix huitiesme jour d'apvril, l'an mil V^e cinquante huit les Pasques, pardevant nous nottaires royaulx.

VAURONART. J. ANGIER.

Bail par Charles de Coutes, seigneur de Pavant, de la terre et seigneurie de Semuy.

18 avril 1558.

ANGIER et VAURONART, notaires à Reims.

Comparut honnoré seigneur Charles de Coustes, seigneur de Pavant, de Semid, etc..., et recongnut avoir baillé, à tiltre de ferme et louaige, à Pierre Durant, demeurant audict Semid, présent preneur audict tiltre, les fruictz, prouffictz, revenuz et esmolumens de la terre et seigneurie dudict Semid, appartenans audict seigneur bailleur, par eschange cejourd'huy faict avec Jehan d'Aspremont, seigneur de Vendy, consistant en toute justice haulte, moyenne et basse, les droictz de seigneurie dudict Semid, comme mairye, eschevin, greffier, sergent, droictz de ventes, saisines, amendes, reprises, et tous droictz seigneuriaulx, le pressoir dudict lieu de Semid, le molin à papier dudict lieu, les cens ordinaires deubz par chacun an, au jour Sainct Martin d'iver, Plus est deub par chacun an audict jour Sainct Martin d'iver, quatre paires de chappons en plume, à l'estimation de sept solz tournoiz, pour chacune paire. Item les cens de plusieurs héritaiges et maisons, escheans au jour Sainct Remy d'octobre, qui montent, à croix et à descroix, à cinquante solz six deniers tournoiz. Item la somme de soixante ung solz cinq deniers tournoiz, à prendre sur les bourgeois et forains qui ont héritaiges en ladicte seigneurie, de cens et bourgeoisies, escheans au jour Sainct Jehan Baptiste. Item la somme de trente trois solz tournoiz, que doibvent les bourgeois dudict Semid, chacun an, au jour de Noël, qui est à chacun bourgeois, six deniers parisis, avec deux chappons en plume, pour chacun desdicts bourgeois, où est tenu la justice du lieu faire ladicte recepte. Item neuf quartelz terre, assis à ladicte seigneurie, en lieudit à Fremy, où on fait carière pour cherier pierre, sauf et réservé les lotz, confiscations, et les amendes au dessus de dix livres tournoiz, et pareillement le pont de Semid, que icelluy bailleur a réservé à luy, avec le molin appellé Warou, qui est bannal. Avec ce ledict bailleur a baillé, audict tiltre, pour ledict terme, commencé dès le jour de bonnes Pasques dernier passé, qui sont les versaines mil V^e^ cinquante et huit, une cense assise audict Semid, appartenans audit seigneur bailleur, que tient, pour le présent, ledict preneur, consistant en maison, cuysine, chambre basse et haulte, fourny, cave, grange, estable, court et jardin, le lieu et pourpris, comme il se comporte, avec cinquante cinq arpens de terres labourables, et huit faulchées de prez. Item une autre cense, ainsy qu'elle se contient, que tient présentement Colson Macherez, laboureur, demeurans audict Semid, consistant en trente arpens de terre ou environ, avec quatre faulchées de prez, à la charge que icelluy preneur sera tenu laisser joyr ledict Colson Macherez, du bail à luy faict de ladicte cense, en reprenant les grains, en quoy il est tenu par sondict bail. Pour en joyr, par ledict preneur, durant le temps, terme et espace de huit ans, et huit despouilles continuelles et ensuivans, commencez dès ledict jour de bonnes Pasques de l'an présent mil V^e^ cinquante et huit, et finissant... moyennant que ledict preneur sera tenu et a promis en rendre et payer, par chacun an, durant ledit temps, audict seigneur bailleur, en son logis de Pavant, ou au porteur, savoir : pour les fruictz, proffictz et esmolumens de ladicte terre et seigneurie, la somme de cens quinze livres trois solz six deniers tournoiz, au jour de bonnes Pasques, dont le premier payement escherra au jour de bonnes Pasques de l'an mil V^e^ cinquante neuf, et pour lesdictes deux censes, aussi par chacun an, la somme de cent dix livres dix solz, à quoy ont esté appréciez, entre les parties, la quantité de six muids deux septiers de grain, douze septiers pour muid, par moictié froment et avoyne, et ving huit septiers froment, et vingt huit septiers avoyne, qui est trente quatre solz que chacun paie de septier, payable prochainement audict jour de Pasques, dont le premier paiement escherra audict jour de Pasques et continuer à l'advenir. Si ledict bailleur sera tenu faire mectre ledict pressoir et molin à papier en bon et suffisant estat, et en fin desdictes huit ans, sera tenu ledict preneur ainsy les rendre. Sera ains tenu ledict preneur faucher et amender, chacun an, les terres desdictes censes, bien et suffisamment, et de tenir et entretenir les maisons, cuysines, estables, lieu et pourpris, de torchiz et poutres volantes, et les jardins de cloisons. Et ne pourra le preneur fransporter son droit de ce bail à autre, sans l'autorisation dudict bailleur. Promectans lesdictes parties par leurs foyes, soubz l'obligation de tous leurs biens, ains ledict preneur, son corps, sous l'amende du Roy, à tenir, entretenir, garandir, faire, joyr, payer et fournir. Faict et passé le dix huitiesme jour d'apvril l'an mil V^{c} cinquante et huit, après Pasques, pardevant nous notaires royaulx.

Signé : Angier et Vauhonart.

Imprimerie coopérative de Reims, rue Pluche, 24. (53254)

www.ingramcontent.com/pod-product-compliance
Ingram Content Group UK Ltd.
Pitfield, Milton Keynes, MK11 3LW, UK
UKHW021206220726
13924UKWH00003B/1355